대한민국
부동산
어떻게 흘러갈 것인가

대한민국 부동산
어떻게 흘러갈 것인가

대한민국 부동산 시장은 생각보다 강하다

최진곤 지음

원앤원북스

대한민국 부동산 시장은
생각보다 강하다

　그동안 15년 넘게 부동산 투자에 몸담으며 정말 다양한 사람들을 만났다. 이 업계에 종사하면서 자연스럽게 대한민국 부동산에 대한 여러 시각과 견해를 접했고, 잘못된 정보에 이리저리 휘둘리는 선량한 피해자들도 많이 만났다.

　누군가 부동산에 투자했다는 이야기만 들으면 핏대를 세우며 '투기꾼'이라고 몰아세우는 무주택자, 공급 과잉과 인구절벽으로 부동산 시장이 금방 무너질 것이라 철석같이 믿는 폭락론자, 리스크가 두려워 전월세만 전전하는 세입자 등 정말 다양한 사람들을 만났다. 필자는 그들을 떠올리면 참 마음이 씁쓸하고 안타깝다.

　그들이 잘못되었다는 말을 하고 싶은 것은 아니다. 정부와 언론도 자주 부동산 투자로 얻는 이익을 '불로소득'으로 치부하기 일쑤고, 부동산 투자 역시 시장을 잘 전망해 미리 한 걸음 더 나아가는 금융 투자와 다를 바 없는데 사회악으로 여기는 시선이 많지 않은가. 이러한 사회적 환경 속에서 자신만의 주관과 잣대를 유지하기란 힘든 일일 것이다.

필자는 글로벌 정세와 더불어 국내 경제, 정치, 세법, 환율, 법률 등을 철저히 공부해 합당하게 부동산에 투자하는 투자자들이 워런 버핏과 다르지 않다고 생각한다. 부동산 투자는 주식 투자와 마찬가지로 세계 경제, 인간의 심리 등 세상 돌아가는 이치를 잘 알고 있어야 성공할 수 있는 분야다.

우리는 주변에서 주식, 외환, 금 투자 등으로 이익을 얻은 이들을 '돈벌이에 눈이 먼 투기꾼'이라고 보지 않는다. 되레 능력 있고 멋있

는 투자자라고 여기기까지 한다. 필자는 부동산 투자자도 마찬가지
라고 생각한다.

　필자는 '평등'이 사회의 보편적인 정의라는 점에서는 동의하지
만, 기회의 평등이 아닌 결과의 평등을 추구해서는 안 된다고 생
각한다. 또한 토지 공개념과 같이 부동산을 너무 한쪽으로만 편향
된 시선으로 보는 전반적인 사회 분위기에는 우려가 크다. 부동산
을 공동체의 재화로 간주해 합당한 투자자를 투기꾼으로 몰아세우
는 건 지양해야 한다고 본다. 그래서 이번 책을 통해 그러한 견해에
반박하고, 동시에 허황된 부동산 폭락론에 합당한 이견을 제기하려
한다. 철저히 경험과 통계에 근거해 부동산 시장의 과거와 현주소
를 설명하고, 앞으로 대한민국 부동산 시장이 어떻게 흘러가고 투
자 트렌드는 어떻게 바뀔지 이야기할 것이다.

결론부터 말하자면 필자의 궁극적인 메시지는 "대한민국 부동산 시장은 생각보다 강하다."라고 정리할 수 있겠다. 이 책이 부동산에 대한 잘못된 통념을 해소하고 미래를 읽어 부를 쟁취할 수 있는 첫 번째 주춧돌이 되기를 바란다.

최진곤

부동산의 미래를 읽고,
투자 트렌드를 예측하자

영화 〈백 투 더 퓨처〉를 보면 극 중 악역 비프 태넌이 타임머신을 이용해 미래의 스포츠 연감을 과거의 자신에게 건네주는 장면이 나온다. 과거의 비프 태넌은 처음에는 반신반의했지만 스포츠 연감대로 경기 결과가 나오자 놀라워했고, 이후 이를 이용해 큰 부자가 된다. 그리고 이 부를 바탕으로 여러 가지 악행을 저지른다.

어릴 적 필자는 영화를 보고 막연히 '미래를 예측하면 큰돈을 벌 수 있겠구나.'라고 생각했다. 물론 현실에서는 불가능한 이야기지만, 영화처럼 시간여행을 할 수 있다면 다음 주 로또 번호를 미리 알아서 큰돈을 벌 수 있을 것이라 생각했다. 그리고 필자는 지금도 여전히 미래를 예측해서 돈을 버는 게 절대로 불가능하지 않다고 생각한다.

어렸을 때 목동아파트가 있던 곳은 그야말로 모래가 가득 쌓인

나대지였다. 어렴풋이 기억나는 건 낚시를 할 수 있는 하천이 흐르고 있었다는 것이다. 그곳에서 낚시를 하고 물고기를 잡아서 구워 먹었는데 너무 맛이 없어 입에 넣자마자 바로 뱉었던 기억이 난다. 당시 목동은 가치가 없는 땅이었다.

그 모래밭 위에 콘크리트 구조물이 생기고, 도로가 생기고, 아파트가 생기고, 놀이터가 생기고, 학교가 생기고, 상가가 생기고, 주상복합이 들어왔다. 세월에 따라 그 변화를 천천히 느낄 수 있었다. 시간이 지나면서 당시 다른 지역의 단독주택에 살았던 우리 집은 점점 가난해졌고, 목동아파트로 이사 간 친구들은 점점 부자가 되었다. 그때의 경험으로 어떤 집을 선택하는지에 따라 빈부격차가 커질 수 있다는 걸 깨달았다. 어른이 되면 반드시 오르는 집을 선택하리라 다짐했던 기억이 아직도 선하다.

연일 뉴스에서 아파트 값이 상승하고 있다는 이야기가 나올 때, 부모님은 당시 미분양이었던 목동아파트를 잡지 못한 걸 후회하며 아쉬워했다. "지금이라도 목동아파트를 사면 어떻겠어요?"라는 필자의 제안에 부모님은 항상 "너무 올라서 지금 들어가면 꼭지일까 걱정된다. 지금은 때가 아닌 거 같다. 좀 더 상황을 지켜보자."라고 말씀하셨다. 돌이켜보면 목동아파트를 사기에 충분한 돈이 없어 그렇게 말씀하신 것 같다.

목동이 모래밭에서 명문 학군과 생활 인프라를 갖춘 대도시로 탈바꿈하는 모습을 지켜보며, 필자는 어떤 식으로 도시가 생성되고 발전하는지 생생하게 머릿속에 집어넣을 수 있었다. 그리고 다짐했다. 어른이 되면 부동산 투자를 해야겠다고. 미래를 예측해 돈을 벌 수 있는 방법을 찾아야겠다고. 미래를 예측할 수만 있다면 타임머

신을 타고 로또를 사서 부자가 되듯이 손쉽게 돈을 벌 수 있을지 모른다고 생각했다.

1995년은 필자가 대학교에 입학한 해다. 당시 서울에 3호선 라인에 있는 대학을 다니다 보니 강남 8학군에 거주하는 친구들과 같이 생활하게 되었다. 다 그런 건 아니지만 강남이 집인 일부 친구들은 비강남 친구들을 약간 무시하고 잘 어울리려 하지 않는 경향이 있었다. 그런 친구들을 보며 '나도 더럽고 치사해서 너희랑 안 논다.'라고 생각했던 기억이 있다.

그 당시 강남 친구들은 유독 돈에 관심이 많았다. 그래서 자기네들끼리 모이면 돈과 부동산에 대해 자주 이야기하고는 했다. 어린 마음에 '지금도 저렇게 돈이 많으면서 왜 돈에 관심이 많을까?' '부동산 이야기가 그렇게 재밌나?' 하고 생각했지만, 지금 돌이켜보면 부모들의 교육관 때문이었던 것 같다. 지금의 필자처럼 그들의 부모 역시 자식들에게 돈과 부동산 투자에 대해 은연중에 계속 이야기하지 않았을까? 그때는 이해하지 못했지만 나이가 먹으니 알 것도 같다.

아마 그 시절에도 똑같이 어떤 부동산을 선택하는지에 따라 부자가 되기도 하고, 가난이 지속되기도 했을 것이다. 그 시절 미래를 읽고 트렌드를 예측해 강남에 입성한 사람들도 있을 테고, 향후 단독주택보다 아파트가 더 유망한 투자처가 될 것이라 예측해 미리 움직여 부자가 된 사람들도 있을 것이다. 아니면 우연히 조상 대대로 터를 잡고 살아온 곳이 강남이어서 운 좋게 부자가 된 사람들도 있을 것이다. 하지만 이들 역시 본인이 갖고 있는 땅의 미래가치를 내다보고 헐값에 팔지 않았다는 점에서 100%는 아니지만 어느 정도 미래를 예측한 사람들이다.

이처럼 미래를 예측해서 돈을 버는 사람들은 분명히 존재한다. 특히 우리나라 부동산 시장의 투자 트렌드를 통찰해 큰돈을 번 사람들을 주변에서 어렵지 않게 찾을 수 있다. 과거에도 있었고, 현재도 있으며, 아마 미래에도 있을 것이다. 이 말은 결코 거짓이 아니다. 왜냐하면 필자 역시 미래를 예측해 부동산 투자를 하고 있고, 아무것도 없는 무일푼에서 나름 작은 성공을 이뤘기 때문이다.

100% 완벽한 미래는 알 수 없지만 충분히 노력한다면 투자 트렌드를 읽을 수 있다. 어떤 부동산을 선택하는지에 따라 본인의 인생이 달라질 것이다. 물론 반대로 순간의 잘못된 판단으로 본인뿐

만 아니라 가족에게도 아픈 상처를 남겨줄 수 있다. 그러니 늘 충분히 공부하고 겸손한 자세를 잃지 말아야 한다.

필자에게 상담을 받은 사람들 중에는 본인의 잘못된 판단으로 가족에게 피해를 입혔다며 눈물을 흘리며 후회하는 분도 있었다. 목동에서 자가로 아파트를 보유 중이었는데 2014년 집값이 더 폭락할 수 있다는 책을 읽고 멀쩡한 집을 처분했다는 것이다. 당연히 부동산 폭락론자의 현실 부정은 빗나갔고, 아파트 가격은 그 이후 엄청나게 올라 다시 그 집을 살 수 없는 지경에까지 이르렀다. 그는 본인의 잘못된 판단으로 가족들에게 경제적으로 피해를 입혔다며 할 수만 있다면 시간을 되돌리고 싶다고 했다.

투자에 실패해 후회하는 사례는 비단 한두 사람의 이야기는 아닐 것이다. 과거에 그랬으니 앞으로도 무조건 대형 평형과 경부라인 쪽 부동산이 오른다는 생각으로 용인 대형 아파트에 투자했다 후회하는 사람도 있었고, 폭락론자에게 휘둘려 미래가치가 큰 아파트를 팔고 후회하는 사람도 있었다. 이처럼 부동산 투자 트렌드 변화를 예측하지 못하거나 한순간의 잘못된 판단으로 큰 손해를 보는 사례가 상당히 많다.

필자는 더 이상 후회하는 사람들이 없었으면 하는 마음에서 이 책을 집필하게 되었다. 그래서 부동산 시장의 미래를 읽고, 투자 트렌드를 예측하는 방법에 대해 이야기해보려 한다. 이 책이 〈백 투 더 퓨처〉에 나온 스포츠 연감의 역할을 할 수 있었으면 좋겠다. 다만 한 가지 바라는 점은 이 책을 비프 태넌이 아닌 선량한 주인공 마티 맥플라이가 보기를 희망한다는 것이다.

차례

1장   부동산 시장, 과거 속에 답이 있다

6장 실전 부동산 투자 ② 실패 없는 투자 노하우

부동산 시장,
과거 속에 답이 있다

IMF 외환위기가
남긴 교훈

경제가 어렵다고 해서 모든 사람들이 주저앉는 건 아니다. 분명히
위기를 기회로 삼는 사람들이 있다. 그들과 함께해야 한다.

1996년 12월 24일. 크리스마스 이브를 맞아 명동은 사람들로
가득했다. 어느 가게를 가더라도 평소보다 2배는 비싼 값을 받았지
만 식당이나 카페에 있는 사람들은 모두 행복한 얼굴로 들떠 있었
다. 하지만 필자는 그러지 못했다. 왜냐하면 1996년 12월 26일에
논산 훈련소로 입영을 해야 했기 때문이다. 당시 홍대 근처에서 군
대를 가기 위해 머리를 잘랐다. 길렀던 머리를 자를 때 울컥 눈물이
났지만 애써 참았다.

1996년 말에 군대를 가고 1997년에 IMF 외환위기가 터졌다. 군
대에 있었기 때문에 IMF 외환위기가 필자에겐 크게 와닿지 않았다.

다만 매일 아침에 나오던 우유가 더 이상 나오지 않았고, 몇만 원이었던 월급이 몇천 원으로 떨어졌다. 그럼에도 큰 불편함은 못 느꼈다. 이후 오랜만에 휴가를 나와보니 필자가 쓰던 방을 결혼한 둘째누나와 매형이 쓰고 있었다. 주거비와 생활비를 아끼기 위해 따로살던 누나가 본가로 들어온 것이었다. 당시 부모님은 다세대주택을건축해 파는 일을 하셨는데, 철근 가격과 금리가 너무 올라 사업을더는 할 수 없다고 이야기하셨다.

필자도 모르는 사이 가족들은 그렇게 길고 긴 보릿고개 터널을근근이 버티고 있었다. 연일 뉴스에서는 부도가 나는 기업들과 불황으로 자살하는 사람들의 이야기가 끊임없이 나오고 있었다. 필자는 군대에 있어 체감이 덜했지만 당시 사회생활을 했던 사람들의경험담을 들어보면 지옥이 따로 없었다고 한다.

대한민국을 뒤흔든
IMF 외환위기

당시의 부동산 시장을 설명하려면 IMF 외환위기의 발생 원인과우리나라가 이를 어떻게 극복했는지부터 살펴보아야 한다. 서울올림픽이 있었던 1988년, 우리나라는 저달러·저유가·저금리 이른바3저 호황으로 연 10% 이상의 고도성장을 지속할 수 있었다. 문제는 고도성장이 국내의 혁신적인 기술 발전 때문이 아니라 외부 요인으로 인해 이루어지고 있었다는 점이다. 이러한 외부 요인은 언제라도 환경이 변하면 금방 사라질 수 있었다. 그럼에도 불구하고 국내 기업들은 호황이 끝없이 이어질 것이라고 생각했는지 방만한 경영을 펼쳤다.

저달러와 저금리로 달러를 낮은 이자로 쉽게 차입할 수 있었고, 저유가의 영향으로 수입 원자재를 낮은 비용에 들여올 수 있었다. 하지만 금리와 달러가 오르고, 원유의 가격 역시 가파르게 상승하자 상품 수익성이 악화되기 시작했다. 당시에는 은행의 자율적인 의사결정보다 국가 주도의 정책 결정이 횡행했는데, 그래서 부실한 기업도 정치인들의 입김만 있으면 얼마든지 대출이 가능했다.

재무제표는 분식회계로 부풀릴 수 있었고, 은행들은 기업이 빚을 잘 갚을 수 있는지 확인도 하지 않은 채 무분별하게 대출을 승인했다. 정경유착에 의한 대출금 증가로 국내 경제는 점점 위기에 취약해졌고, 경기가 좋고 수출이 증가하면 아무 문제가 없었겠지만 3저 호황이 끝나자 수출 경쟁력이 곤두박질쳤다. 경상수지는 마이너스가 되었고, 외화보유액은 금세 바닥을 드러냈다.

달러가 없으니 빚을 갚지 못했고, 당연히 국내 신용도가 떨어져 환율은 치솟았다. 환율이 오르자 수입 물가는 더 비싸지고 석유 한 방울 나오지 않는 우리나라는 치명타를 입었다. 물론 환율이 오르면 가격 경쟁력이 좋아져 수출이 증가할 수 있지만, 당시 국내 기업들은 자금 부족으로 망해가고 있었기 때문에 수출로 인해 경제가 회복되기 위해서는 시간이 더 필요했다.

그래서 정부는 IMF에 구제금융을 요청했다. 이 선택에 대한 반론도 만만치 않다. '우리나라도 러시아나 그리스처럼 모라토리움(국가의 공권력에 의해서 일정 기간 채무의 이행을 연기 또는 유예하는 일)을 선언하면 어땠을까?' 하는 생각 때문이다. 하지만 우리나라는 러시아처럼 천연가스가 풍부하지도 않고, 그리스처럼 유럽연합으로 묶여 있지도 않다.

만약 당시 IMF 구제금융을 신청하지 않았으면 더 많은 사람들이 오랫동안 고통을 감내해야 했을지도 모른다. 어쩌면 지금의 베네수엘라처럼 쓰레기통을 뒤지며 먹을 것을 찾아야 하는 고통을 우리나라도 오랫동안 겪어야 했을 것이다. 다행히 국민의 단합과 고통 분담으로 우리나라는 유례 없이 빠른 시간 내에 IMF 외환위기를 극복할 수 있었다.

위기 속에서
기회를 본 사람들

IMF 외환위기로 인한 피해는 너무나 컸다. 많은 기업들이 부도가 났고, 많은 사람들이 실직을 했다. 비정규직이 증가하고, 빈부격차는 더 벌어져 사회 불평등은 크게 가중되었다. 부동산도 IMF 외환위기를 기점으로 폭락을 거듭했다. 하지만 IMF 외환위기 이후 한 단계 도약해 나아진 부분도 있다. IMF에서 요구한 관치금융(정부가 금융 시장에 직접 개입하는 형태) 금지, 투명한 재무제표라는 조건을 잘 받아들여 우리나라 경제가 선진국에 보다 가까워졌기 때문이다.

IMF 외환위기를 잘 극복해 우리나라의 신용도도 올라갔다고 생각한다. 만약 여러분이 누군가에게 돈을 빌려줬다고 치자. 그런데 그 채무자가 허리띠를 졸라매고 성실히 갚았다면 다음에도 또 돈을 빌려줄 용의가 있을 것이다. 하지만 돈을 빌려줬는데 나중에 천천히 갚겠다며 여유를 부린다면 다시는 그 사람에게 돈을 빌려주지 않을 것이다. 우리나라는 전 세계인들이 보는 앞에서 약속을 철저히 이행했고, 그 결과 한 단계 도약할 수 있었다.

우리가 여기서 주목해야 할 점은 위기를 기회로 삼아 큰돈을 번 사람들이다. 서울 집값은 일정 주기로 등락을 반복해왔다. 가장 크게 폭락한 해는 IMF 외환위기 시기인 1998년이다. 전년 대비 -13.24%를 기록해 하락률 1위에 올랐고, IMF 외환위기 사태 직후엔 1999년부터 2003년까지 5년 연속 오르면서 이 기간에만 50.94%의 상승률을 기록했다.

특히 IMF 외환위기가 끝난 2001~2003년 사이에 아파트 값이 급격히 올랐는데, 원인은 크게 두 가지로 볼 수 있다. 첫 번째 원인은 IMF 외환위기 때 아파트 값이 해당 아파트가 지닌 가치보

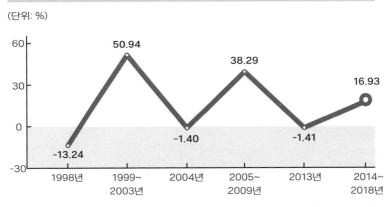

자료: 국민은행, 한국감정원

다 크게 떨어졌기 때문이다. 두 번째 원인은 IMF 외환위기 기간
(1998~2000년) 동안 아파트를 연간 30만~40만 호밖에 짓지 못했
기 때문이다.

부동산이 지닌 내재가치는 쉽게 변하지 않는다. 경제가 다시 회
복되면 당연히 예전의 가격을 회복할 수밖에 없다. 또 수급의 측면
에서 봤을 때 IMF 외환위기 이전처럼 연간 50만~60만 호 정도를
지었다면 절대로 아파트 값이 그렇게 많이 오르지 않았을 것이다.

위기가 기회가 된 영역은 비단 부동산뿐만이 아니다. 1999년 제
대를 하고 대학교에 복학했을 때, 과 사무실에서 강남 친구 무리들
이 또 돈 이야기를 하고 있었다. 당시 주도적으로 돈 이야기를 하던
한 친구의 아버지는 무역상이셨는데, 대금 결제용으로 달러를 많이
보유하고 있어 달러 가치가 치솟았을 때 막대한 시세차익을 남겼다

고 한다. 그리고 거기에 그치지 않고 그 돈을 활용해 헐값이 된 부동산을 사들였다는 것이다.

역시 그 시대에도 발 빠르게 움직이는 사람들이 있었고, 용감하게 미래를 읽고 베팅한 투자자들이 있었다. '위기는 기회가 될 수 있다.'라는 확고한 신념을 그때 다시금 되새겼다. IMF 외환위기를 통해 필자가 느낀 바를 몇 가지 정리하면 다음과 같다.

1. 경제 위기가 발생하면 국내 화폐 가치가 떨어지기 때문에 환율이 급등한다.
2. 고달러·고유가·고금리는 수출로 먹고사는 우리나라에 치명적이다. 따라서 환율과 유가, 금리를 수시로 체크해 사전에 위기를 감지할 수 있어야 한다.
3. 경제가 어렵다고 해서 모든 사람들이 다 주저앉는 건 아니다. 분명히 위기를 기회로 삼는 사람들이 있다. 그런 사람들과 함께해야 한다.

2004년, 다시 찾아온
부동산 시장의 위기

작은 경제 위기에 너무 흔들릴 필요는 없다. 크고 작은 위기는 늘 있었다. 틈새시장이 있다면 결단을 내리는 게 중요하다.

2002년은 우리나라가 월드컵 4강에 오르는 대단한 사건이 있었던 해다. IMF 외환위기를 잘 극복하고 나라 경제가 다시 제자리를 찾아가던 시기이기도 하다. 사회초년생이었던 필자는 무거운 가방을 어깨에 매고 종신보험을 팔고 있었다. 외국계 대형 보험사가 우리나라에 들어오면서 4년제 대학을 나온 사람들이 전문적으로 보험 영업을 시작하던 시기였는데, 개인적으로 실적은 나쁘지 않았지만 마감 때가 되면 찾아오는 업무 스트레스 때문에 매번 다른 일을 찾아야겠다는 생각을 하고는 했다.

당시 필자의 평균 급여는 350만 원가량이었다. 사회초년생치고 적은 월급은 아니었지만, 부의 추월차선에 오르기엔 턱없이 부족했다. 종잣돈을 만들어 부동산에 투자하기 위해 매달 허리띠를 졸라매 200만 원씩 저축을 했다. 적립식펀드로 종잣돈을 착실히 불렸고 2004년이 되어서야 드디어 꿈의 돈 1억 원을 만들 수 있었다.

다시 고개를 든
부동산 폭락론

하지만 2004년이 되자 다시 경기가 흔들리기 시작했다. 다음은 2004년 4월 30일 〈프레시안〉이 보도한 기사다.

'중국 쇼크'로 한국 경제의 앞날에 대한 위기감이 빠르게 확산되고 있다. 7,700여억 원대 주식을 팔아치운 29일에 이어 30일에도 외국 투자가들은 수천억 원대 매도주문을 내면서 주가 급락을 주도, 경제 위기감을 심화시키고 있다. 고건 총리가 관련 부처에 '중국 쇼크'에 대한 면밀한 검토를 지시할 정도로 정부도 큰 위기감을 느끼는 분위기다. 그도 그럴 것이 중국은 우리나라의 최대 수출국인 동시에, 지난해 우리나라가 무역을 통해 벌어들인 전체 무역수지 흑자의 86.6%에 달하는 134억 6천만 달러를 안겨준 최고의 무역 파트너이기 때문이다. 특히 지난해의 경우 전체 수출 증가분의 50%를 중국(홍콩 포함)이 차지했을 정도로 중국 경제는 한국 경제의 생명선이나 다름없다.

기사에서 보듯이 당시 사회 분위기는 좋지 않았다. 투자하기에는 상당한 위험을 무릅써야 할 시기였다. 또다시 IMF 외환위기와 같은 중국발 경제위기가 올지도 모른다는 불안감이 있었다. 정부 정책도 마찬가지였다. "더 이상 부동산으로 돈을 버는 시대는 끝났다."라고 대통령이 직접 TV에 나와 말할 정도로 정부 정책도 집값 상승에 상당히 부정적이었다. 외부 변수가 커지자 부동산 폭락론이 다시 거세게 고개를 들었다.

어렸을 때부터 어떤 집을 선택하는지에 따라서 자산의 규모가 달라지는 걸 봐왔기 때문에 '나도 빨리 부동산 투자를 해야겠다.'라고 생각했지만, 과연 집을 사는 게 맞는지 의구심이 들었다.

2000~2004년 전국 주택 매매가격 변동률을 살펴보면 2002년 최고치를 찍고 고꾸라지기 시작하더니, 2004년 무렵 마이너스에 접어든 것을 확인할 수 있다. 투자를 할지 말지, 만일 한다면 1억 원이라는 한정된 자원으로 어떤 부동산을 사야 할지 고민해야 했다.

마침 2003년에 염창동 부근에 위치한 삼정그린코아라는 아파트가 급매로 3억 2천만 원에 나왔는데, 단기간에 1억 원이 치솟는 걸보고 더 초조해지기 시작했다. 하지만 갖고 있는 1억 원으로는 아파트를 사기에 무리였다. 그때만 하더라도 IMF 외환위기 당시의 아픔

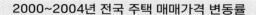

2000~2004년 전국 주택 매매가격 변동률

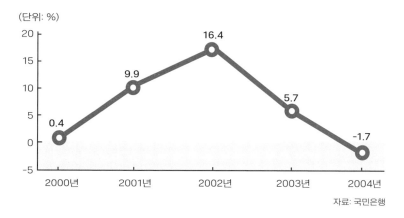

(단위: %)

- 2000년: 0.4
- 2001년: 9.9
- 2002년: 16.4
- 2003년: 5.7
- 2004년: -1.7

자료: 국민은행

때문에 대출을 받는 게 상당히 두렵고 힘들어서 레버리지로 집을 사야겠다는 생각은 엄두도 내지 못했다.

다세대주택에서
기회를 찾다

그러던 중 필자의 눈에 들어온 게 다세대주택이었다. 9호선 라인 염창동 아파트(삼정그린코아)가 왜 그렇게 높게 올랐을까 고민했었다. 저금리와 급매물이라는 요인도 있었겠지만 9호선 염창역이 생기면 이른바 초역세권 아파트가 되기 때문에 많이 올랐다고 판단했다. 마찬가지로 9호선 염창역이 생기면 염창역 건너편인 양천구

목2동·목3동·목4동도 수혜를 보게 될 것이라고 예상했다.

하지만 목2동·목3동·목4동 쪽은 아파트가 많지 않았고, 거의 다 다세대주택이었다. 그리고 염창동 아파트는 많이 오른 반면 목동의 다세대주택은 시세가 거의 오르지 않았다. 오히려 매수세가 없어 공인중개사는 어떻게든 그쪽에 위치한 다세대주택을 팔기 위해 노력하는 모습이 역력했다.

당시 그 부근의 다세대주택은 1억~1억 2천만 원 내외였고, 전세가는 9천만~1억 원 내외였다. 그래서 전세를 끼고 매입하면 1채당 1천만 원에서 2천만 원이면 매입이 가능했다. 요즘 말하는 '갭투자'가 충분히 가능했다는 이야기다. 그때 '내가 가진 현금 1억 원이라는 돈으로 다세대주택 5~10채를 확 사버릴까?' 잠시 고민하긴 했지만 실행으로 옮기지는 않았다. 왜냐하면 레버리지를 이용하기에는 스스로 확신도 없었고, 투자 경험도 없었고, 실행에 옮길 용기도 없었기 때문이다.

그런 상황에서는 1채 사는 것도 엄청 망설이고 고민할 수밖에 없었다. 게다가 아파트가 아닌 다세대주택을 사는 건 당시의 투자 통념과는 맞지 않았고, 상식에도 어긋난 이상한 행동이었다. 그럼에도 불구하고 필자는 목동 쪽에 위치한 다세대주택을 1억 2천만 원에 매입했다. 왜냐하면 곧 결혼도 해야 하는데 어차피 내집은 필요하지 않겠냐는 생각 때문이었다. 향후 9호선이 들어오면 지금보다 여건이 더 좋아질 것이라는 판단도 있었다. 무엇보다 대출을 많이 받지 않아도 내집마련을 할 수 있다는 점이 좋았다. 당장의 형편에 맞게 내집마련을 할 수 있어 무척 기뻤다.

그리고 1년 후, 갑자기 동네에 공인중개사무소가 하나씩 늘어나기 시작하더니 "집을 팔 생각이 없나?"는 전화가 왔다. 하도 이례적인 일이라 인터넷을 찾아보니 당시 목동 구시가지가 뉴타운이 될 수도 있다는 기사가 하나둘 나오던 무렵이었다. 그 후 집값은 3천만 원, 5천만 원, 1억 원, 1억 5천만 원씩 쭉쭉 올랐다. 저평가되어 있다는 생각은 하고 있었지만 1년 만에 이렇게 큰 폭으로 상승하니 흥분하지 않을 수 없었다. 3년 동안 죽어라 모아서 1억 원을 만들었는데, 아무것도 안 하고 집만 사서 1년 만에 1억 5천만 원을 버니 몽둥이로 머리를 한 대 맞은 느낌이었다.

나름 투자 공부를 하기 위해 책도 많이 읽고, 투자 감각을 키운 덕분인지 지금 이때가 기회라는 생각이 들었다. 즉 오르지 않던 다세대주택도 뉴타운개발이나 재개발이 가능하면 충분히 오를 수 있겠다는 생각을 했다. 이미 많이 오른 목동보다는 아직 안 오르거나 덜 오른 지역을 찾으면 돈을 벌 수 있겠다는 확신이 들었다.

아직 결혼하기 전이라 지금의 부인인 당시 여자친구를 설득해 공동 투자를 하자고 제안했다. 경기도 부천 쪽도 뉴타운으로 지정될 수 있다는 소문이 파다했고, 그래서 함께 그곳에 공동으로 투자해 종잣돈을 키울 생각이었다. 처음에는 반신반의했지만 워낙 소액으로 투자가 가능했고, 또 필자가 굉장히 끈질기게 설득해 4천만 원

부동산 시장의 흐름을 잘 읽는다면 적은 돈으로도 효과적으로 투자할 수 있다.

전세를 끼고 7,200만 원에 공동으로 다세대주택을 매입할 수 있었다. 매입 후 6개월 만에 1억 2천만 원으로 시세가 상승했고, 필자는 서둘러 다른 지역의 물건도 찾기 시작했다. 이런 식으로 여러 채의 다세대주택을 소액으로 사서 돈을 불려나갔다.

돌이켜보면 필자는 운이 좋았다. 물론 부동산 시장의 흐름을 잘 읽었기에 찾아온 기회였지만 운도 빼놓을 수 없다고 생각한다. 첫 투자부터 기회를 잘 잡은 덕분에 부동산이 1~2채씩 늘어났고, 자연스럽게 세금에 대해서도 관심을 갖게 되었다. 책과 강연을 통해 부동산 공부도 더 열심히 하게 되었다.

지금은 다세대주택을 사는 게 투자 트렌드는 아니지만 당시만 하더라도 참 좋은 투자 대상이었다. 필자는 그 틈새시장을 잘 찾아

성공한 케이스다. 이처럼 부동산 시장의 흐름을 잘 읽는다면 적은 돈으로도 효과적으로 투자할 수 있다. 이후 다세대주택에 거품이 있다는 판단이 들어 2006년부터 하나씩 고점에 처분했다. 필자의 첫 부동산 투자처인 목동 다세대주택이 없었다면 지금처럼 이렇게 부동산 투자에 해박하지 못했을 수도 있다. 그만큼 첫 투자처인 다세대주택에 애착이 많이 간다.

만일 필자가 부동산 시장에 위기가 찾아올 것이라는 분위기에 휩쓸려 종잣돈을 가지고만 있었다면 어떻게 되었을까? 생각만 해도 아찔하다. 2004년 첫 투자 경험을 통해 깨달은 점은 다음과 같다.

1. 작은 경제 위기에 너무 흔들릴 필요는 없다. 크고 작은 위기는 늘 있었다.
2. 어차피 본인이 살 집 하나는 필요하다. 너무 이것저것 재기만 하면 내집마련의 시기를 놓칠 수 있다. 경험상 오히려 경기가 좋지 않을 때 과감히 매입하는 게 경쟁자도 없고, 수익률 면에서도 훨씬 좋았다.
3. 기존의 상식과 통념은 투자에 있어서 해가 될 수 있다. 다세대주택이 돈이 안 된다는 통념을 무시하고 투자해 수익을 냈던 것처럼, 틈새시장이 있다면 결단을 내리는 게 중요하다.
4. 너무 오른 가격으로 추격매수를 하면 오히려 실패할 수 있다. 필자도 이미 많이 오른 목동이 아닌 상대적으로 저평가된 지역

을 찾아 투자했다.

5. 투자는 부부가 한마음으로 같이 해야 시너지 효과가 난다. 물론
약간의 싸움은 각오해야 한다.

글로벌 금융위기가
남긴 교훈

2008년 글로벌 금융위기와 당시 부동산 시장의 흐름을 이해하고, 향후 비슷한 경제 위기가 닥쳐온다면 어떤 식으로 대응하면 좋을지 구상해보자.

2006년에 접어들자 다세대주택의 가격이 버블이라는 판단이 들었고, 과감히 갖고 있던 다세대주택을 처분했다. '더 오르진 않을까?' 하는 불안감이 있었지만 그래도 꽤 많은 이익을 냈으니 욕심은 내려놓았다.

현금을 갖고 있는 것보다 빨리 부동산을 사는 게 좋겠다는 생각에 다른 투자처를 물색했다. 부동산 투자 트렌드는 시시각각 변하기 때문에 수급을 고려해 예측만 잘하면 큰돈을 벌 수 있겠다고 생각했다. 그때 눈에 들어왔던 게 오피스텔이다. 당시 자산관리사로 일했던 필자는 수익률이 6% 이상만 나와도 상당히 괜찮은 투자처로 인식했다. 왜냐하면 그때 가장 인기 있었던 장기주택마련저축도 이율이 높지 않았고, 원금을 보존하면서 6% 이상의 수익을 올리는 금융상품이 전무후무했기 때문이다.

투자 트렌드에
민감해야 하는 이유

수도권의 수익형 부동산, 그중에서도 오피스텔의 수익률을 계산해보니 무려 연간 8~12%를 기대할 수 있었다. 물론 입지나 여러 조건이 열악한 곳은 그보다 훨씬 낮았지만, 좋은 입지에 위치한 오피스텔은 레버리지만 잘 활용하면 10~15%의 수익률이 나오기도 했다.

오피스텔의 가치가 떨어진다 하더라도 건물과 땅의 가치까지 제로가 될 수 없다는 판단이 들었다. 2008년 전국 오피스텔의 임대수익률 평균은 6.53%로 굉장히 높은 수준이었다. 당시에는 기준금리가 5%대였으니 당연히 평균 임대수익률이 지금보다 높을 수밖에 없지만, 어찌되었든 수익률 면에서 나쁘지 않다고 판단했다.

9호선 등촌역 개통 예정지에서 도보 3분 거리에 있는 우림보보카운티를 8,400만 원에 매입했다. 이후 가양역 개통 예정지에서 도보 1분 거리에 있는 이스타빌도 9천만 원에 살 수 있었다. 이 오피

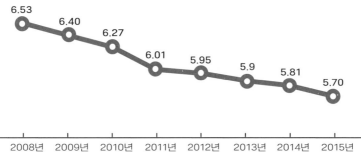

2008~2015년 전국 오피스텔 연도별 평균 임대수익률

(단위: %)

6.53 6.40 6.27 6.01 5.95 5.9 5.81 5.70

2008년 2009년 2010년 2011년 2012년 2013년 2014년 2015년

자료: 부동산114

스텔들은 9호선이 개통된 후 1억 2천만 원에서 1억 3천만 원까지 가격이 상승했다. 월세는 보증금 1천만 원에 월세 60만 원 정도였으니 수익률도 나쁘지 않았다.

안산 고잔동 아이즈빌1 분양면적 59m²도 6,500만 원에 매입했다. 처음에는 보증금 500만 원에 월세를 50만 원 받았지만 이후 월세가 60만 원까지 올랐다. 대출을 받지 않아도 임대수익률이 10%를 상회했다. 이후 이 오피스텔은 1억 2천만 원까지 가격이 올랐다.

지금 생각해보면 투자 트렌드에 민감했던 덕분에 임대수익과 매매차익을 동시에 만족시켜주는 꽤 괜찮은 투자처를 찾았던 것 같다. 2008년 글로벌 금융위기에도 불구하고 꽤 높은 수익률을 얻었으니 말이다.

다세대주택과 마찬가지로 수익형 부동산 역시 그때는 지금처럼 인기가 높지 않았다. 지금은 워낙 저금리라 수익률이 낮아도 찾는 사람이 많지만, 오피스텔에 투자한다고 하면 항상 "오피스텔은 안 올라!" "감가상각이 빨라!" "오피스텔은 앞으로 남고 뒤로는 밑져!" 등의 말을 들어야 했다.

물론 필자는 개의치 않았다. 오히려 그때 뒤늦게 재개발 지역과 뉴타운개발 지역에 투자했던 사람들은 상투를 잡고 고생을 많이 했을 확률이 높다. 항상 투자 트렌드는 변하고, 틈새시장은 존재한다. 미래를 잘 예측해야 돈을 벌 수 있다고 하는 연유다.

물론 항상 성공만 한 것은 아니다. 다세대주택에 이어 수익형 부동산도 성공하자, 슬슬 자신감과 오만이 생기기 시작했다. 서울 시내 아파트를 살 수 있을 정도로 자산이 충분히 늘어나자 필자는 당시 거주하던 목동 다세대주택을 팔고 서울에 있는 아파트를 사기로 마음먹었다. 필자와 아내 모두 아파트에서 살아본 적이 없어 아파트에 대한 열망이 컸다.

어떤 사람들은 성냥갑처럼 생긴 아파트에 사는 게 인간미도 없고 답답해 보인다고 말한다. 하지만 '국토가 좁은 우리나라에서 도대체 어떤 유형의 집이 선호되고 발전되어야 할까?'라고 자문해보면 답은 쉽게 나온다. 또한 단독주택과 달리 아파트는 관리자가 따로 있기 때문에 편의성과 쾌적성이 뛰어나 편리함을 추구하는 사람들에게 가장 적합한 집 구조라 생각한다.

2008년 글로벌 금융위기 직전엔 전반적인 부동산 시장의 분위기가 좋지 않았다. 하지만 필자는 오만에 빠져 '이번에도 실패하지 않을 거야.'라는 생각을 했고, 고분양가로 거의 8억 원에 달하는 아파트를 분양받았다. 운전을 할 때 오히려 초보자들은 큰 사고가 나지 않는다고 한다. 정작 큰 사고는 운전을 좀 안다고 자부할 때 생기는데, 부동산 투자도 마찬가지다. 차라리 초보 때 작은 실수를 했다면 좋았을 텐데, 투자에 자신감이 붙고 스스로를 과신하게 되자 쉽게 수습하지 못할 만큼 큰 실수를 저질러버렸다.

2008년 글로벌 금융위기 이후 거의 모든 재산을 투자한 아파트의 가격이 급격히 추락한 것이다. 오히려 갖고 있던 오피스텔의 가격은 안 떨어지고 월세도 잘 나왔다. 필자는 2010년 울며 겨자 먹기로 가격이 떨어진 아파트에 입주한다. 실거주라 그래도 살기는 편했지만 재테크 측면에서 봤을 때는 실패한 투자였다. 그것도 전 재산이 휘청이는 큰 규모의 실패였다. 몇 번의 운 좋은 성과를 오롯이 필자 자신의 능력만으로 이뤄냈다고 오판한 잘못이 컸다.

한 번의 오판으로 몇 년간 목돈이 묶인 채 그냥 시간만 보내야 했고, 이때의 경험이 투자 판단을 잘못하면 얼마나 혹독한 대가를 치르게 되는지 일깨워줬다. 이 시절 필자가 느낀 교훈은 다음과 같다.

1. 투자를 할 때는 항상 겸손해야 한다. 부동산에 대해 다 안다고 생각할 때가 사실 가장 위험한 순간이다.

2. 경제 위기가 와도 월세가 나오는 수익형 부동산과 매매가격이 낮은 부동산은 타격을 덜 받는다.

3. 경기 침체 시에는 고가의 아파트보다 저가의 아파트 또는 저가의 작은 부동산을 여러 채 보유하는 게 포트폴리오 관리 측면에서 더 안정적이다.

4. 경기 위기가 감지될 때는 섣불리 투자하면 안 된다. 너무 과열된 시장이 연출될 때도 투자하기에 좋은 타이밍은 아니다.

IMF 외환위기 vs. 글로벌 금융위기

1997년 IMF 외환위기와 2008년 글로벌 금융위기를 비교해보자. 둘 다 우리나라 경기에 찬물을 끼얹은 사건이지만 차이점이 있다. 우선 1997년 IMF 외환위기는 선진국들의 경제가 양호한 상태에서 달러 부족에 기인한 국가 부도 사태였다. 이때의 처방은 너무나 가혹했다. 고금리, 급격한 구조조정, 회계의 선진화 요구 등이 이어지면서 우리나라는 고난의 길을 걷게 된다. 물론 앞에서도 지적했듯이 이러한 구조조정이 훗날 우리나라의 경제 체질을 선진화한 데 일조한 건 무시할 수 없는 부분이지만, 고금리 정책은 많은 국내 기업들을 도산하게 만들었다. 하지만 2008년 글로벌 금융위기 때

미국 1·2·3차 양적완화 규모

(단위: 달러)

양적완화 종료
(2014년 10월 29일)
총액 4조 5천억

1차 양적완화
(2008년 10월 31일)

2차 양적완화 시작
(2010년 8월 27일)

3차 양적완화 시작
(2012년 9월 13일)

4조

3조

2조

1조

2006년 2007년 2008년 2009년 2010년 2011년 2012년 2013년 2014년

자료: 뉴욕타임스

는 정반대의 처방이 내려진다. 2008년 글로벌 금융위기의 본질은 미국이 '서브프라임모기지론(subprime mortgage loan)'이라는 주택담보대출을 남발하다가 그 거품이 꺼지면서 생긴 데 있다. 미국은 과감히 금리를 낮추고 양적완화로 통화를 더 발행해 많은 기업들의 숨통이 트일 수 있게 해줬다.

물론 AIG, 리먼 브라더스와 같은 굴지의 기업들이 파산했지만, 저금리와 양적완화로 미국 경제뿐만 아니라 세계 경제도 글로벌 금융위기의 긴 터널을 빠져나올 수 있었다. 이때 1~3차에 걸쳐 미국은 무려 4조 달러가 넘는 돈을 푼다. 미국이 이렇게 할 수 있었던 건 본인들이 달러를 발행하는 기축통화국이기 때문이다. IMF와 다른 정책을 폈다고 미국을 비난하는 건 아니다. 경제에도 이상과 현실이 있듯이 옳고 그름을 떠나 여기서 우리가 얻어야 할 교훈만 얻으면 된다.

그 교훈은 이렇다. 신흥국에 경제 위기가 오면 금리를 올리는 정책을 취하지만, 선진국에 경제 위기가 찾아오면 금리를 인하하는 정책을 취한다. 따라서 경제 위기가 발생하면 향후 금리가 오를지 내려갈지 어느 정도 판단할 수 있다. 이를 미래를 예측하는 데 활용한다면 부동산 투자 트렌드 변화에 보다 민감히 대응할 수 있을 것이다.

저금리와 양적완화가 일으킨 부정적인 측면도 있다. 미국은 글로벌 금융위기를 잘 극복할 수 있었지만 기축통화인 달러 남발로 인플레이션에 대한 압력이 커질 수밖에 없었다. 이 인플레이션은 전 세계로 퍼져나갔고, 결국 자산 가치의 상승을 불러일으켰다.

양적완화와 저금리 기조가 우리나라 부동산에는 어떤 영향을 끼치고 어떻게 작용했는지는 뒤에서 더 자세히 서술하겠다. 여기서 중요한 건 2008년 글로벌 금융위기와 당시 부동산 시장의 흐름을 이해하고, 향후 비슷한 경제 위기가 닥쳐온다면 어떤 식으로 대응하면 좋을지 구상해보는 것이다.

위기 다음에는
반드시 기회가 온다

위기 다음에는 반드시 기회가 온다. 그 기회를 잘 잡아야 한다. 갑자기 찾아오는 기회를 잡기 위해 부동산에 대한 관심을 꾸준히 갖고, 어느 정도의 현금은 항상 확보해둬야 한다.

2008년 글로벌 금융위기는 생각보다 필자에게 큰 타격을 주었다. 거의 전 재산을 투자한 미분양 아파트는 추후 가격이 계속 떨어졌고, 계약금을 포기하고 계약을 해지하는 사람들도 생겼다. 사실 필자에게도 계약을 해지하고 다른 투자 물건으로 갈아탈 기회가 있었는데, 만일 그때 결단만 내렸다면 미분양이었던 반포래미안을 살수도 있었다.

반포래미안의 분양가는 전용면적 59m^{2}가 7억 8천만 원, 전용면적 84m^{2}가 10억 원 내외였다. 필자가 분양받은 아파트와 별 차이가 없었지만, 이미 계약금을 낸 상태라 갈아타려면 1억 원 가까운 돈을 포기해야 했다. 아내도 크게 반대했고, 반포래미안을 선택하게 되면 본래 분양받았던 아파트보다 평수도 적어져 결국 계약금을 포기하지 않고 분양받은 아파트에 입주하게 되었다.

잘못된 선택이
초래한 위기

만약 계약금을 포기하더라도 반포래미안 미분양을 잡아 실입주했다면 10억 원 이상을 벌 수 있었을 것이다. 왜냐하면 반포래미안은 2019년 기준 분양가보다 10억~14억 원 정도 올랐기 때문이다.

이처럼 한 번의 선택으로 미래에 10억~14억 원을 벌 수도 있고, 놓칠 수도 있다. 부동산은 그때그때 어떤 선택을 하느냐에 따라 본인의 인생과 자녀의 인생까지 바꿔놓는다. 늘 부동산 투자 트렌드를 좇고 부동산 시장의 미래를 예측하기 위해 노력하는 이유다.

분양받은 아파트에 입주한 후 계약금보다 가격이 더 많이 떨어졌지만 실거주였기 때문에 버티는 수밖에 없었다. 안 좋은 일은 한꺼번에 일어난다고 했던가? 2008년 글로벌 금융위기의 여파로 전 재산을 투자한 아파트 가격이 한참 떨어지고 있을 때, 필자는 잘 다니던 부동산 컨설팅 회사를 그만두게 된다.

이때 우리 부부는 참 많이 싸웠다. 부부싸움의 원인은 여러 가지겠지만, 단언컨대 그중 가장 큰 비중을 차지하는 건 바로 돈 문제다. 다행히 맞벌이부부였기 때문에 생활비를 충당할 수는 있었지만 전처럼 목돈을 모으거나 여유 있게 생활하지는 못했다. 준비되지 않은 실직은 가정 경제에 큰 타격을 주었다. 우선 무엇이든 일을 해야 했다. 하지만 급여가 나오는 일반 회사에 취업하기는 쉽지 않았다. 이력서를 수도 없이 냈지만 면접에서 불러주는 회사는 많지 않았다. 청년들이 왜 취업이 힘들다고 하는지 느낄 수 있었다.

가정의 평화를 위해서라도 빨리 일을 해서 돈을 벌어야 했다. 그래서 닥치는 대로 일자리를 알아봤다. 다행히 보험회사를 다닌 경력과 자산관리사 경력을 인정받아 ○○생명에 매니저로 취업할 수 있었다. 1년 동안은 급여가 나오지만 그 이후에는 100% 인센티브 제도로 운영되다 보니, 1년 동안 필자는 보험영업을 할 수 있는 사람들을 채용하고 교육해 팀을 만들어야 했다. 매일 오전 7시 40분 미팅에 참석하기 위해 새벽 5시 40분에 일어났다. 미팅 내내 지점장의 폭언을 견뎌야 했고, 시도 때도 없이 실적 압박을 받았다. 휴일에도 연락이 끊이질 않았다.

1년이 지나자 거의 반 미쳐 있었던 것 같다. 그냥 회사를 뛰쳐나가고 싶었다. 조용히 사직서를 내고 나오는데 울컥했다. 1년이라는 시간 동안 아무것도 이루지 못한 것에 대한 아쉬움, 그리고 견디지 못하고 실패했다는 자책감이 몰려왔다. 1년 만에 다시 회사를 관뒀다고 하니 이번에는 아내와 장인어른, 장모님까지 걱정을 하기 시작했다. 부부싸움은 더 잦아지고 심해졌다.

무일푼으로 시작해 지금은 나름 성공을 이뤄냈지만, 당시 단 한 번의 잘못된 부동산 투자로 필자의 인생은 바닥까지 떨어졌다. 아이러니하게도 스스로 투자를 잘 안다고 과신하는 때가 가장 위험한 때라는 걸 그제야 깨달았다. 당시 아파트를 팔아 사업을 할까 고민도 했지만 운이 기울어 뭘 하든 잘 안될 것 같다는 생각이 들었다. 우선은 우울의 늪에서 벗어나 정신부터 차려야 했다.

지방 부동산에서
답을 찾다

2010년 이후 수도권 부동산은 좋지 않았지만 부산을 필두로 한 지방 부동산은 조금씩 가격이 오르는 게 느껴졌다. 그런 분위기에 편승해 필자도 갖고 있던 오피스텔을 처분해 지방 부동산을 사기로 마음먹었다.

지방 부동산 시장이 다시 불붙을 것이라 예상한 근거는 당시 아파트 미분양 추이에 있다. 지방 주요 도시 미분양 아파트 변동 추이를 보면 당시 대구는 2만 1,379가구에 달했던 미분양 아파트 수가 2010년 7월에 들어서는 1만 6,325가구로 줄어들었다는 걸 알 수 있다. 부산은 1만 3,997가구에서 6,747가구, 광주는 1만 2,384가

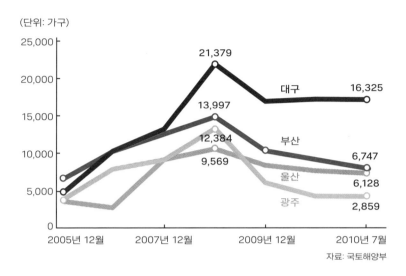

(단위: 가구)

25,000

21,379

20,000

대구   16,325

13,997

15,000

12,384   부산

10,000   9,569   6,747

울산

6,128

5,000   광주

2,859

0

2005년 12월   2007년 12월   2009년 12월   2010년 7월

자료: 국토해양부

구에서 2,859가구, 울산은 9,569가구에서 6,128가구로 줄어들었
다. 부동산도 결국 수요와 공급에 의해 움직이는 시장이다. 지방 부
동산의 불씨가 다시 일어날 것이라고 어느 정도 느낄 수 있었다.

다행히 갖고 있던 오피스텔들의 가격이 꽤 많이 올라 있었다. 공
실로 고생한 적도 없었다. 그렇게 오피스텔을 판 돈으로 강원도 동
해에 있는 아파트 2채를 샀다. 1채는 월세를 놓고, 1채는 전세를 놓
았다. 경기도 오산에 있는 아파트도 전세를 끼고 매입했다. 전세 비
중이 높아서 생각보다 큰돈은 들지 않았다. 특히 강원도 동해에 산
아파트는 전용면적 59m²의 매매가격이 5,500만 원밖에 되지 않았
다. 전셋값이 4,500만 원이었기 때문에 1천만 원만 있으면 투자가

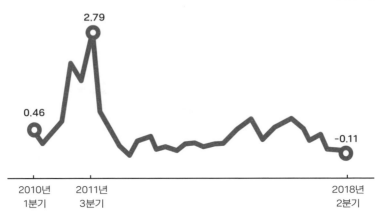

강원도 아파트 매매가격 변동률

(단위: %)

2.79

0.46

-0.11

2010년   2011년   2018년
1분기   3분기   2분기

자료: 국토교통부

가능했다.

지방 부동산이 부활할 것이라는 필자의 예측은 적중했다. 강원도 아파트 매매가격 변동률을 보면 2010년 이후 2011년 3분기 무렵까지 크게 상승했음을 알 수 있다.

투자도 투자지만 일자리도 급했다. 나이도 많고 딱히 경력도 인정받지 못해서 월급을 받는 안정적인 일을 쉽게 찾을 수 없었다. 그래서 다시 자산관리사 일을 시작해야겠다고 마음먹었다. 자산관리사는 따로 월급이 있는 게 아니라 본인의 영업력으로 수당을 받기 때문에 수입이 불규칙했다. 수입이 불규칙하고 불안정하다는 이유로 아내는 그 일을 싫어했다. 시간을 여유 있게 쓸 수 있고 잘만 하면 일반 월급쟁이보다 급여가 많을 수 있다고 설득했지만, 아내는 이번에도 실패하면 이혼을 각오해야 한다고 말했다.

부동산 시장을 잘못 통찰한 단 한 번의 실수로 2010년 이후 거의 3년 동안 지옥과 같은 생활을 해야 했다. 아마 이때처럼 정신적으로 힘든 시기가 또 있었나 싶다. 이 경험을 통해 필자가 얻은 교훈은 다음과 같다.

1. 불황은 꽤 오랫동안 지속될 수 있다. 2008년 글로벌 금융위기는 수도권 부동산 시장을 2013년까지 근 5년 동안 침체에 빠뜨렸다. 이때 언론에서 많이 등장한 말이 '하우스푸어'다.

2. 경기 불황일 때는 버티는 게 답이다. 잘 버티기 위해서는 너무 과도한 대출을 받아 투자하면 안 된다. 최악의 경우가 찾아와도 버틸 수 있는지 자신의 재무 상태를 점검해보자. 최소 3년 동안 경기 불황이 와도 버틸 수 있어야 한다.

3. 경기가 좋지 않다고 절대 쫓기듯이 창업을 하면 안 된다. 상황이 여유롭고 100% 만반의 준비를 한 상태에서 시작해도 어려운 게 창업이다. 오히려 부동산 투자보다 창업이 훨씬 어렵고 힘들다. 전업투자자의 길 역시 마찬가지다.

4. 경기 불황에 잘 버티기 위해서는 일단 급여가 적어도 안정적으로 월급 받을 수 있는 일을 해야 한다. 투자에 능하다면 급여가 적어도 여유 시간이 많은 일을 하는 게 좋다.

시장을 내다보면
해답이 보인다

자산관리사 일은 급여가 많지 않았지만 나름대로 시간적 여유가 생겨 효율적으로 스케줄을 관리할 수 있었다. 인터넷으로 금융상품을 문의하는 사람들에게 여러 회사의 상품을 비교해 권유하는 게 필자의 일이었고, 성과도 나쁘지 않았다. 상담을 받은 고객들에게 금융상품뿐만 아니라 부동산 투자 전반과 절세 문제까지 설명해 주니 반응이 참 좋았다. 경쟁력은 남과 다른 차별화된 무기에서 나온다. 맛집에 갈 때도 다른 곳과 다른 특별한 맛과 서비스를 기대하듯이 인생에도 자신만의 특별한 무기가 필요하다. 필자의 경우에는 풍부한 부동산 투자 경험과 지식이 무기였다.

2013년 연말이 되자 위례신도시와 마곡지구가 분양을 하기 시작했다. 하지만 그때만 하더라도 수도권 부동산 시장의 분위기가 썩 좋지 않았다. 오히려 향후 부동산 가격이 더 떨어질 것이라는 부정적인 예측을 담은 책들이 베스트셀러가 되었다.

서울 아파트 매매가격지수 변화 추이를 보면 당시 서울 부동산 시장이 얼마나 얼어붙어 있었는지 알 수 있다. 2017년 전후로 폭등할 때까지 한동안 시장 분위기는 좋지 않았다. 위례신도시와 마곡지구가 분양되던 2013년 말은 한창 서울 아파트 시장이 얼어붙어 있을 때였다.

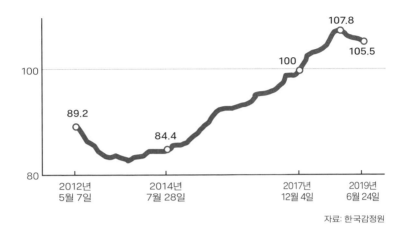

서울 아파트 매매가격지수 변화 추이

107.8

105.5

100

100

89.2

84.4

80

| 2012년 | 2014년 | 2017년 | 2019년 |
| 5월 7일 | 7월 28일 | 12월 4일 | 6월 24일 |

자료: 한국감정원

　당시 위례신도시의 신규 분양단지들도 미분양이 꽤 있었다. 마곡지구도 상황은 마찬가지였다. 마음만 먹으면 청약통장 없이도 미분양 물량을 잡을 수 있었다. 전용면적 84m² 기준으로 분양가는 불과 4억 3천만 원이었으니 지금 생각하면 싸도 너무 쌌다. 그럼에도 불구하고 대거 미분양이 났다.

　필자는 마곡지구 미분양을 꼭 잡아야 한다고 생각했다. 왜냐하면 분양가가 가치 대비 많이 저렴했고, 마곡지구는 충분히 뛰어난 기업도시가 될 잠재력이 있었기 때문이다. 만약 개발이 계획대로만 된다면 최소 판교신도시나 상암동만큼은 부동산 가격이 오를 것이라고 예상했다. 당시 판교 아파트 전용면적 84m²는 8억~9억 원 내외, 상암동 아파트 전용면적 84m²는 6억~7억 원 내외였다. 마곡지구 미분양이 최소 2억 원 이상 저렴하다는 판단이 들었다.

당시 필자가 살던 집은 전셋값만 4억 원이 넘었기 때문에 그 집을 전세로 놓고 마곡지구에 입주하면 충분히 큰 부담 없이 투자가 가능했다. 하지만 역시 아내를 설득하는 건 쉽지 않았다. 당시 계속된 실패로 이미 신뢰가 많이 깨진 상태였고, 부동산으로 돈을 번다는 생각은 아예 접으라는 이야기까지 듣던 때였다. 결국 반대를 이겨내지 못해 실행에 옮기지 못했지만, 예상대로 마곡지구 아파트 가격은 1년 만에 1억 원 이상 올랐다. 서울 부동산 가격이 조금씩 기지개를 켤 준비를 하고 있었던 것이다.

2014년부터 수도권 부동산은 시세를 끌어올릴 호재가 참 많았다. 우선 미국의 양적완화와 저금리 기조로 시중에 많은 돈이 풀려 있었고, 그 돈이 세계 각국으로 퍼져나갔다. 우리나라도 2008년 글로벌 금융위기를 빠르게 극복하고 수출 증대와 고소득 급여 인상으로 유동성이 풍부해졌다. 하우스푸어 구제와 단절된 부동산 거래를 활성화시키기 위한 시장 활성화 정책도 나오기 시작했다. 여러 여건을 객관적으로 분석해보니 부동산 가격이 오를 시기가 오고 있음을 감지할 수 있었다.

투자자금을 마련하기 위해서 강원도 동해에 있던 아파트와 오산에 있던 아파트를 처분했다. 손해를 보진 않았지만 과거 다세대주택을 매매했을 때처럼 드라마틱한 수익을 거두지는 못했다. 만약 여러 채를 샀으면 수익이 커졌겠지만 그만큼 리스크도 커질 수 있어 조심스러웠다.

마곡지구 미분양 물건을 만일 그때 투자했다면 최소 1억 원 이상 올랐을 것이라는 이야기를 아내에게 꾸준히 어필했다. 그래야 다음 투자 기회 때 반대하지 않을 것이라고 판단했기 때문이다. 그리고 2015년, 드디어 기회가 왔다. 마곡에서 유일한 민간 분양단지가 있었는데, 당시에는 민간 아파트였기 때문에 유주택자도 1순위 청약이 가능했다. 50% 가점, 50% 추첨제여서 운만 좀 따른다면 청약 자격을 얻을 수 있었다. 필자는 1순위로 청약을 넣었고, 운 좋게도 8번째 예비당첨자가 되었다. 이후 모델하우스에서 한 번 더 동호수 추첨을 통해 아파트를 당첨 받게 된다.

당첨된 아파트의 분양가는 5억 3천만 원이었고, 2019년 시세로는 12억 원가량 되기 때문에 단순히 계산해도 7억 원 이상 번, 꽤 성공한 투자다. 이렇게 부동산은 몇 년 만에 수억 원이 왔다 갔다 한다. 다시 강조하지만, 우리가 부동산에 지속적으로 관심을 갖고 미래를 내다보기 위해 공부해야 하는 이유가 여기에 있다. 죽는 그 순간까지 우리는 투자 공부를 게을리하지 말아야 한다.

필자는 아내와 함께 벌면서 모은 돈과 주식, 펀드, 달러 등 갖고 있던 자산을 팔아 부동산 투자자금을 마련했다. 위례신도시도 놓칠 수 없는 투자처라 생각해 위례오벨리스크를 1억 3,500만 원에 분양받는다. 현재 전용면적 22m²의 이 오피스텔은 2억 5천만 원까지 상승해 1억 원 이상 올랐다. 만약 더 과감히 달려들었다면 큰돈을 벌었겠지만 리스크 관리를 위해 여러 채를 사지는 못했다. 현재는 이 오피스텔에서 보증금 1천만 원에 월세 63만 원을 받고 있다.

눈여겨보고 있던 또 다른 틈새시장은 상가주택지 분양이었다. 지금이야 상가주택지는 입찰 방식(높은 가격을 쓴 사람이 땅을 낙찰받는 방식)이지만 2015년엔 추첨제 방식으로 분양받을 수 있었다. 땅 값도 2년 혹은 3년 동안 나눠서 낼 수 있었기 때문에 자금 부담이 크지 않았다. 인기가 많아서 경쟁률이 꽤 높았지만, 필자는 운 좋게도 약간의 노하우로 무려 3번이나 당첨되는 행운을 거머쥐게 된다.

정말 신기하게 일이 잘 안될 때는 죽어라 안되었지만 끝끝내 견뎌내고 극복하니 기회가 보였다. 때를 잘 파악하고 어떤 포지션을 취하는가에 따라 기회를 잡을 수도, 놓칠 수도 있다. 이때 기회를 잘 잡을 수 있었던 이유는 위기 때 묵묵히 잘 버티고 부동산에 지속적으로 관심을 가졌기 때문이다. 2014~2016년에 얻은 교훈은 다음과 같다.

1. 위기 다음에는 반드시 기회가 온다. 그 기회를 잘 잡아야 한다. 갑자기 찾아오는 기회를 잡기 위해 부동산에 대한 관심을 꾸준히 갖고, 어느 정도의 현금은 항상 확보해둬야 한다.
2. 부동산 시장의 변곡점을 잘 살피면 분명 기회가 있다. 남들이 보지 못하는 틈새시장을 눈여겨보자. 소문난 잔치에 뒤늦게 뛰어들어봐야 먹을 게 없을 확률이 높다. 남들이 보지 못하는 틈

새시장을 노려야 큰 수익을 얻을 수 있다.

3. 인생도, 사람도, 투자도 때가 있다. 경기 여건이 안 좋을 때 굳이 무리해서 투자하는 것보다 투자해야 할 때 투자를 해야 수익이 크다.

4. 투자에 반대하는 가족이 있다면 지속적으로 설득하고, 같이 투자에 관심을 기울이도록 하는 게 좋다.

부동산 시장의 현주소와
투자자에게 필요한 자세

국내 주택 시장의 문제점은 시장에서 선호하는 주택의 수가 턱없이 부족하다는 데서 발생한다. 비판적인 사고는 좋지만 확증편향은 접어두도록 하자.

2014년부터 2018년까지 수도권, 그중에서도 강남이 큰 폭으로 올랐다. 내림세로 돌아선 전국 아파트 매매가격지수도 조용히 움직이기 시작했다. 전체적인 상승세는 서울이 주도했지만, 지방도 조금씩 변화가 감지되고 있다. 크게 내려가던 지역까지 대부분 하락의 폭을 줄여나갔다. 지방 부동산 시장 침체가 끝나가는 것인지는 아직 좀 더 냉정하게 추이를 지켜봐야겠지만 꾸준히 관심을 갖고 주목할 필요는 있다.

보유한 자산의 규모마다 조금씩 차이는 있겠지만 이 흐름을 잘 탄 사람이라면 많게는 수십억 원, 적게는 수천만 원에서 수억 원까

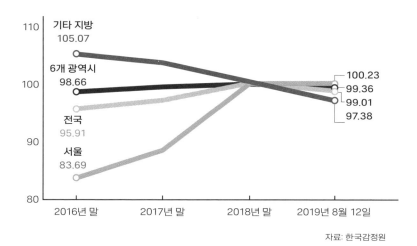

전국 아파트 매매가격지수 변화 추이

기타 지방
105.07

6개 광역시
98.66

전국
95.91

서울
83.69

100.23
99.36
99.01
97.38

2016년 말   2017년 말   2018년 말   2019년 8월 12일

자료: 한국감정원

지 이익을 냈을 것이다. 필자 역시 이 흐름을 놓치지 않고 적극적으로 부동산 투자를 해 적지 않은 수익을 냈고, 아직도 투자는 현재진행형이다.

　필자가 부동산 투자를 하다 보니 좋은 물건이 있으면 친한 지인들이나 보험에 가입한 고객들에게 종종 언급하고는 했다. 예를 들면 반포래미안 미분양 때나 마곡지구 미분양일 때 이들 투자 물건의 유망함을 주변 사람들에게 공유한 적이 있다. 이 외에도 필자가 직접 투자하거나 관심 있던 물건들을 종종 소개한 적이 있는데, 그중에 실제로 필자를 믿고 투자한 사람도 있지만 사실 거의 대부분은 그런가 보다 하고 넘어가는 경우가 많았다. 하지만 필자가 추천했던 곳에 투자해 상당한 재미를 봤던 사람들은 계속해서 조언을 구했고, 사람들에게 필자가 갖고 있는 얕은 지식을 나눠주는 과정에서 나름대로 보람도 느꼈다. 특히 예상이 맞아떨어져 주변 사람들이 경제적으로 이득을 얻으면 참 기뻤다. 어쩌면 이때 느낀 행복감이 이 책을 쓰게 된 계기였을지도 모른다.

투짜짜에게
필요한 마음가짐

그런데 좋은 마음으로 무료 상담을 해주고 조언을 해주었지만 이를 원치 않고 부담스러워 하는 사람도 있다는 걸 깨달았다. 본인은 부동산에 전혀 관심이 없는데 옆에서 누가 자꾸 부동산 투자를 부추긴다면 당연히 부담스러울 것이다. 그리고 좋은 투자처를 알려달라고 해서 정말 진심으로 좋은 투자 물건을 분석해주어도 대부분 그냥 투자를 안 하고 넘긴다. 어디서나 들을 수 있는 무료 정보라고 생각하기 때문이다.

필자의 입장에서는 기껏 번거로움을 감수해도 입만 아프고 좋은 소리를 못 듣는다. 그래서 생각을 바꿨다. 소액의 상담료를 받기 시작한 것이다. 브런치에 칼럼을 쓰고 블로그를 운영하면서 부쩍 상담 문의가 많아졌다. 무료 상담을 하는 경우도 있었지만 역시나 공짜는 가볍게 여기는지 시간도 잘 안 지키고 조언을 흘려듣는 경우가 많았다. 그래서 부동산 자문 일을 본격적으로 시작한 뒤에는 소액의 상담료를 받았다.

어떤 사람들은 상담료 자체를 부정적으로 생각하기도 한다. 하지만 필자도 시간이 돈인 사람인데 왜 굳이 시간을 할애해서 누군가에게 도움을 줘야만 하겠는가? 무료로 상담을 해주면 과연 이 사람이 필자가 공유한 정보의 가치를 알기나 할까? 돈을 쓰게 되면 자기가 들은 정보가 맞는지, 맞다면 또 얼마나 큰 가치가 있는 정보인지 스스로 몇 번이고 검증하게 될 것이다. 지금 이 책을 구매해 읽고 있는 독자들도 마찬가지다. 무료로 받거나 빌린 책은 잘 읽지 않게 되지만 본인이 직접 돈을 지불해 구매한 책은 단 1~2쪽이라도 들여다보게 된다. 스스로 품을 들여 의미를 부여하고 가치를 평가하려 하기 때문이다.

사실 상담료는 큰돈이 아니다. 부동산 투자로 잘만 굴리면 그보다 훨씬 많은 돈을 벌 수 있고, 차라리 그 시간에 책을 쓰거나 강의를 하는 게 훨씬 이득이 된다. 몇몇 부동산 강사들은 상담료에 대해 부정적인 의견을 어필하고는 하는데, 정작 그들은 5주 강의에 강의료를 수십만 원씩 받는다. 만약 강의료가 50만 원이라면 100명만 수강해도 5주에 5천만 원을 번다. 1명씩 1시간 단위로 계산하는 상담료와 수백 명을 대상으로 하는 강연 활동 중 어떤 선택을 하는 게 필자의 입장에서 더 유리할까?

그럼에도 불구하고 필자가 강의보다 돈이 덜 되는 상담을 선호하는 이유는 무엇일까? 우선 강의는 부동산 상담보다 큰 효과가 없다. 그리고 강연자는 수강자를 일일이 살펴보지 않는다. 수강자가 투자에 실패하면 강연을 제대로 이해하지 못한 개인의 실패로 치부된다. 하지만 필자에게 상담을 받고 투자한 개인이 실패를 반복하게 되면 자문가로서 필자의 입지는 단번에 치명적인 피해를 입고 흔들리게 될 것이다.

〈백종원의 골목식당〉을 본 적이 있는가? 자영업에 종사하는 분들의 문제점을 파악하고 실질적인 솔루션을 제공하는 게 방송의 콘셉트다. 그들에게는 통상적인 자영업 강의보다 각자에게 맞는 실질적인 솔루션이 더 시급하다. 필자의 상담은 수박 겉 핥기식의 강연이 아닌 실전에 도움이 될 수 있는 솔루션에 가깝다. 여러 유명 강연자들의 강연을 따라다닌 경험이 있다면 부동산 강의가 생각보다 도움이 되지 않는다는 걸 알 것이다.

또 필자도 사람인지라 상담을 통해 도와주고 싶은 사람과 도움을 주면 안 되는 사람을 구분한다. 예를 들어 마곡지구 미분양 당시 〈백 투 더 퓨처〉의 비프 태넌 같은 사람에게 해당 물건을 추천해주었다면 어떻게 되었겠는가? 큰돈을 벌어 다른 사람들을 괴롭힌다면 필자의 기분은 어떨까? 좋은 사람이 많은 돈을 벌고 사회에 기여한다면 고무적이지만 그렇지 않다면 회의감을 느낄 수밖에 없다. 그런데 강의를 들으러 오는 불특정 다수는 솔직히 어떤 사람인지 필자가 일일이 알 수가 없다. 반면 일대일 상담은 상대가 어떤 사람인지 어느 정도는 파악이 된다. 최소한 사회에 악영향을 끼치지 않을 사람에게만 도움을 주고 싶은 게 솔직한 심정이다.

실제로 2009년에 필자의 첫 책『서른살 직장인 10억을 벌다』를 출간하고 강의를 한 적이 있다. 그때 전세 레버리지를 이용해 적은 돈으로 지방 아파트에 투자할 수 있다고 이야기했었다. 그런데 강의를 들었던 사람 중 1명이 필자와 비슷한 책을 썼고, 그 책이 베스트셀러가 되면서 갭투자를 일반인들에게 보편화시켰다. 갭투자 책이 잘 팔리자 이후 비슷한 책들이 쏟아져 나왔다. 필자는 리스크 관리가 반드시 필요하며 감내할 수 있는 수준에서만 레버리지를 이용해야 한다고 강조했다. 하지만 시중에 풀린 책들은 자신이 수십 채의 집을 가진 자산가라고 자랑하며 갭투자를 부추기기 바빴다. 결과는 어떤가? 뒤늦게 갭투자에 무분별하게 뛰어든 사람들뿐만 아니라 그 집에 살던 세입자들 또한 엄청나게 큰 피해를 보고 말았다.

물론 필자의 강의가 이 모든 사태의 원인이라고는 생각하지 않는다. 다만 '만약 내가 그런 강의를 하지 않았다면 지금 다른 결과가 생겼을까?'라는 고민은 하지 않을 수가 없었다. 선의에서 벌인 일이 의도치 않게 사회에 악영향을 끼칠 수도 있다고 생각하니 행동이 조심스러워졌다. 따라서 앞으로도 강의보다는 일대일 상담에 집중하려고 한다. 만약 강의를 하더라도 핵심적인 내용보다는 피상적인 이론을 강조할 수밖에 없을 것이다.

시장에 흔들리지 않는
마음이 중요하다

일대일 상담을 통해 상담자의 여건에 맞는 추천 물건을 소개하는 경우도 있었다. 하지만 소개만 하지 중개수수료를 받지는 않았다. 필자는 공인중개사가 아니었기 때문이다. 그래서 이왕이면 공인중개사 자격증을 따 추천 지역의 급매물 위주로 중개까지 해보자는 생각이 들었다. 어차피 들어갈 돈인 중개수수료를 필자가 상담료에서 공제해주면 서로에게 도움이 될 것 같았다.

추천은 필자가 하지만 정작 중개수수료는 부동산이 받는 것도 솔직히 아까웠다. 그래서 공인중개사 자격증을 땄다. 공인중개사무소에 가본 사람들은 알겠지만 동네 중개업소는 본인이 위치한 지역만 잘 안다. 예를 들어 10억 원이라는 돈으로 마포, 용산, 여의도, 강남 중 선택해야 한다면 어느 지역의 어떤 아파트를 눈여겨봐야 할까? 아마 일일이 4개 지역의 부동산을 다 돌고 판단해야 할 것이다. 하지만 필자는 직장, 학군, 대출 한도, 투자금액, 투자성, 실거주 여부까지 모두 고려해서 알맞은 지역과 급매물을 추천할 수 있다. 훨씬 효과적인 시스템을 구축한 것이다.

그런데 "시황이 너무 나쁜데 확실한 정보 맞나요?" "에이, 돈 되는 정보면 본인이 들어가셨겠죠. 부동산이 언제 무너질 줄 알고."라며 폭락론과 회의론에 휘둘려 의심하는 이들이 많다. 필자는 이들이 잘못되었다고 생각하지 않는다. 오히려 귀가 얇아 무작정 다른 사람의 말만 믿고 투자하는 사람들보다 훨씬 훌륭한 투자자가 될 소질이 있다. 하지만 필자에 대한 신뢰는 차치하더라도 시장이 당장 조금 힘들다 해서 부동산 투자를 멀리한다는 건 지양해야 할 자세다.

가구주 연령 집단별 향후 거주하고 싶은 주택 유형을 보자. 나이가 어릴수록 아파트를 선호하는 비중이 급격히 증가한다. 19세 미만은 무려 71.8%가 아파트를 원하고 있다. 이들이 헌 아파트를 바랄 리는 없다. 새 아파트의 잠재수요가 그만큼 굉장히 높다는 뜻이다. 젊을수록 성능과 환경에 민감하다. 기성세대라면 조금 낡은 아파트도 감내할 수 있을지 모르나 요즘 세대는 그렇지 않다. 19세 미만이 구매력을 갖게 되는 나이에 접어들면 새 아파트에 대한 수요는 더 커질 것이다.

통계청 발표에 따르면 2018년 기준 전국에서 30년 이상 된 노후주택은 308만 호에 달한다고 한다. 이 중 아파트는 약 78만 호다. 지어진 지 30년 이상 된 주택은 당연히 세입자가 선호하지 않는다. 아무리 입지가 좋아도 오래된 집은 상품성이 떨어지기 마련이고, 그렇다고 재건축만 기다리고 눌러앉을 수도 없다.

국내 주택 시장의 문제점은 시장에서 선호하는 주택의 수가 턱없이 부족하다는 데서 발생한다. 당장 부동산 시장이 조금 힘들다고 해서 부동산 투자에 대한 관심을 접으면 안 되는 이유다. 비판적

가구주 연령 집단별 향후 거주하고 싶은 주택 유형

(단위: %)

가구주 연령	아파트	일반 단독주택	단지형 단독주택	연립 및 다세대주택	기타	잘 모름
19세 미만	71.8	20.6	0	1.1	0	6.5
20~29세	67.3	15.6	4.9	6.3	0.3	5.6
30~39세	67.5	19.8	3.9	4.4	0.5	3.9
60세 이상	30.6	55.0	4.6	5.3	0.2	4.3

자료: 국토연구원

2018년 전국 노후주택 현황(30년 이상)

(단위: 호)

행정 구역별	단독 주택	아파트	연립 주택	다세대 주택	기타	합계
전국	194만 6,965	77만 9,170	17만 925	12만 5,864	6만 1,343	308만 4,267
읍부	27만 7,733	1만 5,784	1만 6,562	3,900	7,186	32만 1,165
면부	72만 3,497	8,352	4,605	1,718	6,625	74만 4,797
동부	94만 5,735	75만 5,034	14만 9,758	12만 246	4만 7,532	201만 8,305

자료: 통계청

인 사고는 좋지만 '무조건 부동산은 몰락하게 되어 있어.'라는 확증 편향은 접어두도록 하자.

필자에 대한 의심을 접고 무조건 상담해준 대로 따라오라는 과격한 이야기를 하고 싶지는 않다. 필자 역시 돈 없던 가난한 시절에 감명 깊게 읽은 부동산 책의 저자에게 연락을 취한 적이 있다. 꼭 만나 뵙고 싶다고 정성스럽게 메일을 썼는데 답장은 없었다. 지금 이야 답장이 없는 이유를 알지만 당시만 하더라도 약간 야속한 마음이 들었다. 그때 멘토를 만나서 상담할 수 있는 창구가 있으면 좋겠다고 생각했다. 그리고 필자가 나중에 성공한다면 초보 부동산 투자자를 위해 그런 창구를 만들겠다고 다짐했다.

2018년 7월 1일, 필자는 공인중개사무소를 오픈했고, 철저히 회원제로 운영하고 있다. 상담은 예약상담만 받으며, 수도권 전 지역의 급매물을 위주로 거래한다. 거래가 되면 중개수수료에서 연회비를 공제하기 때문에 어차피 부동산 물건을 매매하고자 한다면 연회원으로 가입하고 필자와 의논하는 게 훨씬 유리할 수 있다. 중개수수료 외에는 추가 비용이 들어가지 않아 걱정할 필요도 없다.

합리적인 시스템으로 운영하고 있다 보니 생각보다 많은 분들이 상담 신청을 하고 있다. 꼭 부동산을 매입하지 않더라도 어떤 분들은 1시간 상담만으로도 큰 도움을 받았다고 이야기한다. 이후 일일이 모두와 만날 수 없으니 필자의 지식을 책을 통해 공유하고 싶다는 생각이 들었고, 이 책을 집필하게 되었다.

첫걸음이
중요하다

초보 투자자
A군의 투자 후기

취직을 하고 빨리 부자가 되고 싶다는 생각에 '어떻게 돈을 굴려야 하나?'라는 고민만 가득했습니다. 사회초년생 때 주식으로 재테크를 했지만, 브렉시트를 겪으면서 주식은 너무 불확실성이 크다는 걸 깨달았습니다. 주식으로는 자산을 쉽게 모을 수 없겠다는 생각에 너무 늦지 않게 부동산 공부를 시작했습니다. 마침 부모님도 노후자금을 어떻게 투자해야 할지 고민하시던 시기였고, 그래서 부모님과 함께 부동산 공부를 시작하게 되었습니다.

하지만 부동산 역시 주식과 마찬가지로 투자를 잘못하게 되면 크게 실패할 수 있었고, 함부로 손대면 안 되겠다는 불안감을 지울 수 없었습니다. 도무지 어떻게 시작해야 할지 감이 오지 않았습니다. 꾸준히 걸어갈 준비와 각오는 되어 있었지만 어느 방향으로 나아갈지 모르는 상태였습니다. 주변 사람들도 "어린 나이에 무슨 부동산 투자야?" "요행을 바라지 말고 정도를 걸어라." "부동산 들여다볼 시간에 다른 공부나 시작해라." "투기나 다름없다." 등 부정적인 이야기를 많이 했습니다. 부동산 투자를 시작하겠다는 저의 결심도 자꾸만 흔들렸습니다.

그때 우연찮게 브런치라는 애플리케이션을 통해 통찰력 있는 부동산 투자 관련 글을 보게 되었습니다. 바로 최진곤 대표님의 글이었습니다. 실제 투자 경험을 기반으로 해 글이 담백했고, 과장이나 허위가 없었습니다. '무조건 투자를 해라!'가 아닌 투자자의 상황과 환경을 고려해 조언을 해주어 더 신뢰가 갔습니다. 궁금한 마음에 대표님이 운영하시는 '미래를 읽다' 블로그를 구경하며 대표님의 글을 하나도 빼놓지 않고 읽어보게 되었습니다. 부동산 투자에 대해 몰랐던 부분들이 상세히 적혀 있어 큰 도움을 받았습니다.

아직 부동산에 대해 지식이 많이 없고 경험도 부족한 터라 가르침에 대한 목마름이 컸습니다. '부동산 투자도 첫걸음이 중요하다.'

라는 걸 이때 깨달았습니다. 작은 경험부터 시작해 감을 잡은 뒤에 좀 더 큰 거래를 하는 것이 바람직하다는 가르침을 받았고, 그렇게 다가올 첫 기회를 잡기 위해 준비했습니다.

부동산을 틈틈이 공부하고 있던 중 서울 시내 역세권에 있는 오피스텔 하나, 청라지구에 있는 오피스텔 하나를 선별했습니다. 무작정 장소만 보고 투자할 수 없으니 실제 모델하우스를 임장해야 했는데, 이 모든 과정을 대표님과 함께해 든든했습니다. 그래서 결국 서울 시내 역세권 오피스텔에 투자하기로 결정했습니다. 첫 투자이다 보니 불안한 마음에 이 결정을 하는 중간중간 몇 번이나 망설였지만, 그간의 경험과 공부를 통해 과감히 투자를 결정할 수 있었습니다.

이후 일반임대사업자 등록을 마치고 부가세 환급을 진행했습니다. 막연히 '언젠가는 종잣돈이 모이면 부동산 투자해야지.' '부동산 투자는 어른들의 영역이야.'라고만 생각했었는데, 이렇게 빨리 좋은 성과를 거두게 될지 몰랐습니다. 만일 부동산이 어렵게 여겨져 망설이고 있다면 지금이라도 일단 공부를 시작하고, 발품을 팔아 확신을 얻기 바랍니다.

이후 해당 오피스텔은 공실 없이 세입자가 꾸준히 들어왔고, 매달 나오는 월세가 부모님의 노후에 큰 보탬이 되었습니다. 대표님께서는 "공부상 업무용 오피스텔은 보유해도 세법상으로는 유주택자이지만, 청약할 때는 무주택자로 인정됩니다."라고 말씀하시며 다음에는 신규 분양 아파트의 청약을 노려보라고 조언해주셨습니다.

부동산은 위험하니 요행을 바라지 말라고 조언해준 지인들이 이제는 저에게 먼저 어떻게 부동산 투자를 시작하면 좋을지 조언을 구하고는 합니다. 용기를 갖고 부동산 투자에 뛰어들 수 있게 도움을 준 대표님께 정말 감사드리며, 앞으로도 항상 겸손한 자세로 열심히 공부하겠습니다.

2장

부동산 시장을
둘러싼 7가지 논제

왜 공인중개사는
부정적인 이야기만 할까?

공인중개사의 말을 맹신하면 본인이 갖고 있는 부동산의 가치를
실제보다 낮게 평가하는 오류에 빠질 수 있다. 공인중개사와 만날
때 주의해야 하는 이유다.

이 장에서는 부동산 시장의 미래를 예측하기 전에 꼭 알아야 할
7가지 논제에 대해 이야기하고자 한다. 우리는 흔히 방을 알아보거
나, 임장을 가거나, 자신이 가진 물건을 팔려고 할 때 해당 지역의
부동산, 즉 공인중개사무소를 찾고는 한다. 그런데 막상 공인중개사
와 만나 이야기를 나눠보면 시장에 대한 부정적인 의견만 듣고 오
게 된다. 핑크빛 전망을 쏟아내며 매매를 강권하는 공인중개사만
있을 것 같지만 실제로 만나보면 그렇지 않다. 왜 공인중개사들은
좋은 이야기를 하지 않을까?

어떤 사람이 필자에게 "전에 부동산에 대해 잘 몰랐을 때는 세상

돌아가는 일에 무관심했는데, 부동산을 알고 공부하다 보니 조금씩 세상을 보는 관점이 달라졌다. 어른이 되는 느낌이다."라고 이야기한 적이 있다. 틀린 말은 아니다. 사실 부동산을 이해하기 위해서는 경제, 정치, 세법, 환율, 법률부터 넓게는 세계 경제, 인간의 심리 등 세상 돌아가는 이치를 잘 알고 있어야 한다. 이 모든 것들이 올바른 투자 결정을 하는 데 도움이 되기 때문이다. 이 중에 하나라도 잘 모르면 실수를 저지를 확률이 높아진다.

경제, 정치, 세법, 환율, 법률이야 본인이 공부하고 경험을 쌓으면 그만이지만, 시장에 참여하는 인간의 심리는 공부한다고 해서 단기간에 파악할 수 있는 게 아니다. 부동산 시장은 크게는 수급에 의해 움직이므로 합리적으로 보이지만, 불행히도 시장 참여자들인 개개인은 때때로 합리적이지 않은 선택을 하기도 한다. 따라서 성공적인 투자를 위해서는 인간의 심리를 잘 살필 수 있는 안목이 필요하다.

공인중개사가 부정적인
이야기만 하는 이유

오랜 경험으로 시장 참여자의 진짜 의도를 이해해야 심리를 꿰뚫어볼 수 있는 눈이 생긴다. 따라서 다른 사람이 하는 말의 의도를 정확하게 파악해야 올바른 대응과 결정을 할 수 있다. 마찬가지로 공인중개사의 의도를 이해하면 올바른 대응방법도 알 수 있다. 본인이 보유하고 있는 부동산을 팔기 위해 인근 공인중개사무소에 가면 열에 일곱은 상당히 안 좋은 이야기를 쏟아낸다. 그 이유는 의외로 간단하다. 공인중개사 자신이 거래를 원활하게 하기 위해서다. 공인중개사의 목적은 손님이 돈을 벌게 해주는 게 아니라, 거래를 통한 수수료 수입이다. 따라서 매도자에게 물건을 싸게 받아내야 거래가 수월해진다. 그렇기에 일단 좋지 않은 이야기를 늘어놓고 매물을 평균보다 싸게 내놓도록 유도하는 것이다.

공인중개사들을 비난할 일은 아니다. 거래라는 건 결국 매수자는 좀 더 싸게 사고 싶어 하고, 매도자는 좀 더 비싸게 팔고 싶어 하기 마련이다. 이 간극이 벌어지면 거래 자체가 이루어지지 않는다. 그래서 공인중개사가 이 간극을 줄이고 거래가 잘 이루어지게 도와주는 것이다. 하지만 공인중개사의 말을 맹신하면 본인이 갖고 있는 부동산의 가치를 실제보다 낮게 평가하는 오류에 빠질 수 있다. 공인중개사와 만날 때 주의해야 하는 이유다.

공인중개사들이 부정적인 이야기를 하는 또 다른 이유도 있다. 현지에서 활동하는 공인중개사들은 보통 본인이 거래하는 지역의 부동산을 가치에 비해 낮게 생각하는 경향이 있다. 특히 한 지역에서 오랫동안 활동한 공인중개사가 더 그렇다. 왜냐하면 과거의 시세를 다 꿰고 있기 때문이다. 부동산 가격은 인플레이션으로 인해 조금씩 오르는데 여전히 과거의 가격에 젖어 현실을 잘 받아들이지 않는다.

예를 들어 10년 전에 3억 원이었던 집이 현재는 6억 원이라면 10년 전 가격만 보고 많이 비싸졌다고 생각하기 쉽다. 하지만 다른 지역보다 현재 가치가 상대적으로 저렴하다면 과거의 가격과 관계 없이 그 지역에 있는 부동산은 저평가되어 있다고 해도 과언이 아니다. 그런 부분을 많은 공인중개사들이 간과한다.

따라서 자신이 갖고 있는 부동산 물건을 온전히 잘 파악하기 위해서는 그 부동산을 매수하는 입장이라고 가정하고 공인중개사에게 물어보는 게 낫다. 그래야 좀 더 객관적으로 본인이 갖고 있는 물건을 평가할 수 있다. 매도를 하더라도 본인이 매수할 것처럼 공인중개사에게 전화해보는 것이 적정가격을 파악하기 위한 좋은 방법 중 하나다.

왜 부동산 투자에 부정적인 지인들이 많을까?

지인들은 당신의 투자에 대해 잘 모르고 사실 관심도 없다. 보수적인 의견을 내놓는 게 더 쉽고 합리적으로 보이기 때문이다.

가끔 일 문제로 사람들과 교류하다 보면 '입(mouth) 전문가'들이 너무 많다. 부동산에 대해 어설프게 알면서 향후 전망을 확신에 차서 이야기하는 걸 보면 기가 찰 노릇이다. 사회에서 만난 사람들이야 논리적으로 반박하면 어느 정도 수긍을 한다. 하지만 유독 어렸을 때부터 알던 지인들은 부동산에 대해 필자가 아는 체라도 하면 입에 거품을 물고 반박하는 경우가 많다. 물론 시간이 지나 필자의 말이 현실이 되었을 때는 조용해지지만 말이다.

투자 상담을 하고 추천 지역을 짚어주면 많은 분들이 추천 물건을 두고 가족들, 주변 지인들, 친구들과 의논한다. 하지만 지금 이

지역에 나온 부동산 물건이 어떻게 보이냐고 물어보면 대부분 대답은 부정적이다. 주변에서 자꾸 부정적인 이야기를 하니 주관이 뚜렷한 사람이라도 불신이 조금씩 싹트게 된다.

처음에 여러 요인을 조목조목 따졌을 때는 분명 긍정적으로 보였는데, 자꾸 지인들이 불안해하고 부정적인 이야기를 하니 물건이 달리 보인다. 그렇게 투자가치를 재고하다가 대부분은 투자를 하지 않는다. 물론 정말 리스크가 큰 투자라면 안 하는 게 맞지만, 리스크가 적당하고 긍정적인 요소가 많음에도 불구하고 주변에 휘둘려 투자를 포기하는 경우가 많다.

'안전성'만 따질 거라면 예적금에 돈을 넣는 게 맞다. 경제적으로 윤택한 삶을 살 수는 없겠지만 말이다. 따라서 주변 지인들이 왜 자꾸 투자에 반대하는지 냉철하게 고민해볼 필요가 있다. 투자에 반대하는 주체별로 그 이유와 심리에 대해 간단하게 짚고 넘어가보자.

가까운 사람일수록 반대하기 마련이다

우선 부모님이다. 부모님 입장에서는 자식 나이가 40세든 50세든 그냥 아이로 보일 뿐이다. 예전에 필자가 어렸을 때 지금은 돌아가신 아버지와 함께 아버지 고향에 내려간 적이 있다. 당시 아버지의 연세는 60세가 넘었고 머리도 거의 백발이었다. 아버지의 작은어머니를 만나러 함께 갔는데, 90세가 넘은 작은어머니는 아버지를 보자마자 이름을 부르며 머리를 쓰다듬었다. 마치 어린아이를 대하듯이 아버지를 대했는데, 아버지도 그냥 멋쩍게 웃어넘겼다.

필자는 그때 생각했다. '아무리 나이가 많이 들어도 어른들 눈에는 아이로밖에 안 보이는구나.' 여러분도 마찬가지다. 만약 부동산 투자를 한다고 하면 거의 모든 부모님들이 반대할 것이다. 왜냐하면 부모님의 눈엔 당신이 '경제 주체'가 아닌 그저 아이로만 보이기 때문이다. 아이가 물가에만 가도 위험하다고 손사래를 칠 분들인데 어렵고 사기꾼도 많다는 부동산에 손을 댄다고 하니 어쩌면 당연한 반응일지도 모른다. 따라서 부모님을 설득할 자신이 없다면 그냥 부모님에게 상의하지 않는 게 오히려 투자에 도움이 될 수 있다.

괜히 상의했다가 부정적인 이야기만 잔뜩 듣고 마음이 바뀌거나, 때로는 강압적인 반대에 못 이겨 손해만 보고 계약을 취소하는 경우까지 있다. 그대로 강행했다면 성공적인 투자를 할 수 있었음에도 불구하고 말이다.

그다음은 가까운 지인들이다. 만약 지인이 어디에 투자하고자 하는데 어떻게 생각하는지 묻는다면 여러분은 어떻게 대답할 것인가? 아마 대다수가 반대할 것이다. 왜냐하면 행여나 잘못되면 투자를 찬성한 당신에게 비난의 화살이 날아올 수도 있기 때문이다. 가까운 사이일수록 보수적인 의견을 내놓을 수밖에 없다.

그럼 가깝지 않은 지인은 어떨까? 그들이 굳이 당신의 투자를 찬성해야 할 이유가 있을까? 상대가 부동산 투자로 잘된다 한들 자신에게 아무런 좋은 일이 없을 텐데 말이다. 배만 아플 뿐이다. 실제로 본인이 잘 안될 때 지인이 너무 잘나가면 배 아파하는 사람들이 많다. 어쩌면 사람이기 때문에 당연한 이치일 수도 있다.

무엇보다 지인들은 당신의 투자에 대해 잘 모르고 사실 관심도 없다. 남의 투자 고민을 굳이 머리 아프게 들어줄 이유가 없지 않은가? 관심도 없는데 섣부르게 참견하기보다 보수적인 의견을 내놓는 게 더 쉽고 합리적으로 보인다. 그래서 지인들은 대부분 투자에 부정적이다.

문제는 이런 주변의 부정적인 반응에 많은 사람들이 쉽게 휘둘린다는 것이다. 처음엔 '그래, 저렇게 생각할 수도 있지.' 하고 넘기다가도 '정말 나쁜 물건인가?' 하고 결국은 투자를 보류한다. 그래서 주변 지인들에게는 투자 판단을 맡기지 말아야 한다. 굳이 물어보고 싶다면 지금 필자가 언급한 '주변 사람들이 투자에 보수적인 이유'를 염두에 두고 분별해서 들으면 좋겠다.

왜 진보정권은 부동산을
사회악으로 여길까?

이들이 이토록 부동산을 억누르려는 이유는 무엇일까? 그들에게
표를 주는 유권자층을 떠올리면 답이 나온다.

우리나라처럼 진보와 보수가 철저하게 이념 대립을 하는 나라는
세계 어디에서도 보기 힘들 것이다. 두 나라로 분단된 한반도의 특
수성을 감안하면 이해는 되지만, 우리나라는 부동산 정책에 있어서
도 진영 간 이념 논쟁이 치열하다. 이번 장에서는 필자의 정치성향
과 무관하게 진보성향 정치인들이 부동산에 부정적일 수밖에 없는
이유를 이야기해보려 한다. 부동산 정책도 결국 정치행위의 일환이
라는 걸 명심하자.

진보와 보수를 정의할 수 있는 가장 좋은 방법은 그들이 추구하
는 가치가 무엇인가를 짚어보는 것이다. 다르게 말하면 그들에게

표를 주는 계층이 어떤 성향인지 알아보는 것이다. 우리나라의 진보는 특히 '평등'을 강조한다. 모두가 잘 사는 세상, 더불어 잘 사는 세상, 평등하게 모든 사람들이 행복하게 사는 세상을 원한다. 그에 반해 우리나라의 보수는 '자유'를 더 중요하게 생각한다. 누구도 개인의 자유를 침해할 수 없고, 개인의 자유를 보장해야 나라가 부강해진다는 생각이다.

정치성향에 따라
부동산을 달리 보는 이유

부동산을 볼 때도 보수는 자유를 더 중요한 가치로 생각하고, 진보는 평등을 더 중요한 가치로 생각한다. 2017년 대선에서 승리해 정권을 잡은 진보정권 역시 상대적으로 자유보다 평등을 더 중요시했다. 대출 규제, 세금 규제 등 부동산 규제를 연달아 내놓으며 개인의 자유를 억압하더라도 평등을 더 추구하는 정책을 펼치는 것이다. 최근 여당에서 밝힌 토지 공개념에 대한 이야기도 이런 기본 가치에 더 부합하는 주장이다.

그렇기 때문에 진보정권은 부동산 투자로 이익을 얻은 사람들을 투기 세력으로 몰고 있다. 평등을 위해서는 이런 투기 세력을 없애서 공평하고 평등한 세상을 만들어야 한다는 게 그들의 생각이다.

아파트 평균가격 상승액과 정당별 투표율

상승액	보수정당 득표율	진보정당 득표율
3.3m²당 100만 원 미만	1.4% 증가	17.6% 감소
3.3m²당 300만 원 이상	8.2% 증가	25.2% 감소

자료: 『진보정권 시대 대한민국 부동산의 미래』

이런 기조는 국토교통부 장관 취임사에서도 잘 드러난다. 집값 상승의 원인을 다주택자들, 즉 투기 세력 때문이라고 직접적으로 언급했기 때문이다.

그렇다면 진보정권이 이토록 부동산을 억누르려는 이유는 무엇일까? 그들에게 표를 주는 유권자층을 떠올리면 답이 나온다. 2004~2008년 총선 사이의 아파트 평균가격과 정당별 득표율을 연구한 결과를 보면 흥미롭다. 아파트 평균가격 상승액에 따라 보수정당과 진보정당의 득표율이 상반된 결과를 얻었다. 3.3m²당 100만 원 미만으로 오른 지역에선 보수정당이 많은 표를 받지 못했지만, 3.3m²당 300만 원 이상 오른 지역에선 득표율이 무려 8.2%나 증가했다. 진보성향의 정치인들은 '시장 안정'이라는 기치 아래 부동산을 억제하고 있지만, 결국 그들도 정치인인 만큼 유권자의 표를 생각할 수밖에 없다.

우리가 추구해야 할 가치인 평등을 강조하는 건 일정 부분 필요하다고 생각한다. 하지만 지나치게 평등을 강조하는 건 오히려 특권 세력에 힘을 집중시키는 부작용을 낳는다. 만약 여러분이 개인의 능력차를 인정하지 않는 완벽하게 평등한 사회에 살고 있다면 지금처럼 치열하게 경쟁하겠는가?

아무리 열심히 일해도 월급이 비슷하다면, 혹은 어렵게 시험을 치러 어떤 자리에 올랐는데 모든 사람이 정책에 의해 아무런 제한 없이 똑같은 자리에 오른다면 아마 당신은 열심히 노력할 생각이 없어질 것이다. 그게 사람의 본성이다. 왜냐하면 사람은 원래 이기적이기 때문이다. 이기적이어서 잘못되었다는 게 아니다.

사자가 냉혹하게 어린 사슴을 잡아먹는다고 해서 그 사자를 비난할 수 있을까? 사자는 본능에 의해 어린 사슴을 잡아먹는다. 연민을 느껴 잡아먹는 행위를 멈추면 자신과 자신의 무리가 굶어죽는다. 사자의 행위를 가치 판단으로 평가할 수 없다. 그냥 당연한 세상의 이치일 뿐이다. 마찬가지로 노력을 기울여 다른 사람보다 더 많은 돈을 벌기를 희망하는 게 나쁜 것도 아니다. 세상을 움직이는 사람의 당연한 본성이다.

따라서 생활 인프라와 학군이 잘 갖춰져 있는 강남이나 서울 핵심 지역에 살고자 하는 욕구는 인간이 가지고 있는 당연한 욕구다. 그 욕구마저 탐욕이라 규정하고 죄악으로 여기는 게 오히려 문제다. 규제를 통해 이런 인간의 욕구를 잠재울 수 있다고 생각하는 자체가 모순일 수 있다.

부동산 시장은
결코 평등할 수 없다

아무리 열심히 일해도 똑같은 월급을 받는다면 당연히 덜 일하게 되고, 게으름을 피울 수밖에 없다. 그러니 생산성이 떨어지는 건 당연한 원리다. 이익 공유도 마찬가지다. 능력과 일의 양은 상관없이 이익을 똑같이 나눈다면 사람들은 열심히 일하지 않고도 이익을 더 챙기려고 할 것이다. 당연히 조금 일하고 더 많이 받으려는 사람들이 늘어나게 되니 그들을 억압하고 통제해야 하는 감독관들이 필요해진다.

문제는 그런 감독관들이 특혜를 받게 된다는 것이다. 평등을 너무 과하게 추구하게 되면 특권층에게만 권력이 쏠리고 나머지 개인들은 노예와 같은 삶을 살게 된다. 평등만을 강조하는 세상에서 나타나는 가장 큰 부작용을 우리는 역사와 이웃나라를 통해 수도 없이 목격했다.

물론 개인의 자유만을 지나치게 강조해도 부작용은 생긴다. 사익 추구를 당연시하면 소득격차와 빈부격차가 커진다. 주체할 수 없을 정도로 돈이 많은 사람들도 생기고, 하루하루 생사를 걱정해야 할 정도로 가난한 사람들도 생길 수 있다. 빈부격차가 커지면 중산층이 무너지기 때문에 국가 경쟁력도 악화된다. 그래서 적절한 평등도 중요하다고 생각한다.

그렇지만 필자는 자유를 바탕으로 평등을 강조하는 게 맞다고 본다. 획일적인 평등을 강조한 사회는 더 진취적이고 발전적인 사회가 될 수 없다. 이미 사회주의 국가들이 실패의 전철을 밟았고, 남아 있는 사회주의 국가마저도 사회주의 경제 시스템의 부작용을 이해하며 보완해나가고 있다.

자유주의를 바탕으로 한 국가와 개인은 효율성 측면에서 큰 성과를 보여왔다. 우리가 주로 쓰는 스마트폰이나 세계적인 다국적 기업도 자유주의와 자본주의에 의해 발전할 수 있었다. 열심히 노력하고 일한 만큼 개인이 부와 사회적 지위를 얻을 수 있었기 때문에 좋은 결과가 나온 것이다.

자유주의하에서 성공에 대한 노력은 상상을 초월한다. 스마트폰, 노트북, 에어컨, 자동차 등 혁신을 이끈 건 시장 자유주의 시스템이다. 시장 사회주의 시스템 아래에선 창의적인 혁신이나 기술을 기대하기 힘들다. 그렇기 때문에 시장 자유주의를 택한 나라들, 예를 들어 미국·영국·일본·독일 등이 오랫동안 부국으로 자리 잡을 수 있었던 것이다. 사회주의를 택했지만 경제적으로는 자유주의를 선택한 나라들(중국·러시아·베트남 등) 또한 최근 놀라운 경제성장률을 보였다.

계속해서 사회주의를 택하거나 사회주의적인 정책을 내세운 나라들(쿠바·베네수엘라·북한 등)은 집권층만 잘살고 일반 국민들은 다같이 못사는, 그들(집권층)이 그토록 원하던 평등한 사회가 도래했다. 이제 우리도 이런 배경지식을 이해하고, 우리나라가 올바른 방향으로 나아가기 위해 어떤 스탠스를 가지는 게 중요한지 고민해볼 시점이다.

왜 방송에서는 무쪼건
서울만 사라고 할까?

전문가들은 현실을 잘 모르거나, 틀릴 일이 없는 원론적인 이야기
만 한다. 개인의 상황을 고려하지 않은 조언에 휘둘릴 필요 없다.

부동산 관련 방송을 틀면 전문가들이 나와 무료 상담을 해주는
모습이 자주 보인다. 요즘은 유튜브 채널을 통해 소통하는 전문가
들도 많아서 정보를 분별하기가 쉽지 않다. 대중은 어떤 정보가 옳
은지 틀린지, 어떤 전문가의 이야기가 맞는지 틀린지 잘 알아채지
못한다. 말 그대로 정보의 홍수 속에서 다양한 목소리에 파묻혀 옳
고 그름을 분간하기가 힘들어졌다.

그런데 특히 방송에는 유독 서울 부동산을 사야 한다고 강조하
는 전문가들이 많이 보인다. 필자가 보기에 그런 자칭 전문가들은
정보를 너무 호도하는 게 아닌가 싶다. 물론 지방보다는 수도권, 수

도권보다는 서울, 그리고 서울에서도 핵심 지역을 사는 게 맞다. 하지만 충분한 자금이 없는데 덜컥 강남 아파트를 사는 건 불가능하다. 본인이 갖고 있는 투자자금에 따라 전략을 짜야 한다.

그럼 도대체 유독 외부에 잘 노출되는 전문가들이 서울 부동산만 사야 한다고 고집하는 이유는 무엇일까?

서울만 정답이라고 외치는 사람들

우선 방송에서 서울만 사라고 주장하는 전문가들은 대부분 사업가다. 서울 역세권 땅을 매입해 다세대주택을 건축하는 시행업자들인 경우가 대부분이다. 그래서 오히려 본인이 방송사에 일정 부분 출연료를 지급하고 방송에 출연하거나, 무료 세미나를 통해 자신의 물건을 추천해준다. 유독 방송이나 무료 세미나에 나온 전문가들이 추천하는 물건을 보면 서울 역세권에 위치한 다세대주택인 경우가 많은데, 애당초 본인들이 직접 짓거나 갖고 있는 물건이기 때문에 하나를 팔아도 이익이 꽤 크다. 방송에 나오기 위해 들여야 할 비용이 꽤 높아서 본인들이 얻는 이익이 크지 않으면 계속 사업을 이어나갈 수 없다.

수도권에 다세대주택을 지으면 무조건 분양이 잘 될까? 다세대주택은 애당초 환금성이 떨어지고 투자가치가 아파트에 비해 부족하기 때문에 특수한 케이스가 아니고는 잘 팔리지 않는다. 다세대주택의 상품성이 아파트의 상품성보다 높다고 자신 있게 이야기할 수 있는 사람은 없을 것이다. 그래서 방송에 나와 다세대주택을 어필하는 사람들은 입지가 좋은 서울, 특히 강남 주변 역세권에 있다는 점을 강조한다.

서울의 땅값이 계속 오르기 때문에 강남 근처에 대지지분을 소유하고 있는 다세대주택을 갖고만 있으면 장기적으로 성공한 투자라는 논리다. 혹시 재개발이라도 되면 땅값 상승으로 시세차익을 얻을 수 있다고 현혹한다. 소액으로 높은 전세가율을 가진 서울 핵심 지역의 땅을 매입할 수 있다고 주장하기도 한다. 하지만 이 같은 논리는 부실하다. 다세대주택의 가격이 오르려면 오랜 시간이 걸리고, 다세대주택은 자신이 원할 때 팔 수 없어 큰돈이 묶이는 결과를 초래할 수 있다.

가격도 최근 많이 올라 서울 핵심 지역 역세권에 위치한 신축 다세대주택은 3억~4억 원도 우스운 정도다. 수도권 대단지 아파트와 가격이 비슷한 수준이다. 이럴 땐 서울에 다세대주택을 사는 것보다 수도권 대단지 아파트를 사는 게 훨씬 투자가치가 있다. 하지만 당장 사업을 하고 시행을 해야 하는 부동산 전문가들은 서울이라는 입지적 장점만 내세우며 투자가치가 부실한 다세대주택을 권유한다. 따라서 서울 부동산만 사야 한다는 그들의 주장 속에 담긴 이면을 잘 헤아려야 손해를 보지 않는다.

또 다른 케이스로 서울에 있는 아파트만 사야 한다고 주장하는 전문가도 있다. 하지만 이 주장 역시 하나는 알고 둘은 모르는 경우다. 큰 맥락에서 보면 수도권보다는 서울이 장기적으로 더 오를 여지가 크다. 하지만 앞에서도 언급했듯이 자본이 충분하지 않은데도 서울 아파트만 고집하며 돈을 모으는 건 내집마련을 오히려 늦추는 결과를 초래하게 된다. 2019년 10월 29일 〈시사저널〉 기사를 살펴보자.

> 아파트 가격이 널뛰기할 때 임금은 30년간 5.5배 오르는 데 그쳤다. 2019년 평균임금(292만 원)으로 강남 25평 아파트(16억 2천만 원)를 사려면 한 푼도 쓰지 않고 46년을 모아야 한다. 20세 때 공무원으로 취직해 정년을 채우더라도 강남의 아파트는 살 수 없다는 계산이 나온다. 그나마 비강남은 21년이면 가능하다. 1989년의 경우 강남과 비강남 모두 12년 정도였던 것과 비교하면 그야말로 하늘과 땅 차이다.

만일 필자가 곧바로 서울 아파트를 사겠다고 고집해 첫 투자 때 다세대주택을 사지 않았다면 어떻게 되었을까? 이후 오피스텔을 사지 않았다면, 그리고 다시 지방 아파트를 사지 않았다면? 결코 지금처럼 단기간에 서울에 내집마련을 할 수는 없었을 것이다. 물론 이는 필자처럼 큰 재산을 물려받지 못한 평범한 월급쟁이에게 국한된 이야기다. 집이 부자라면 당연히 서울 아파트를 사는 게 맞지만 그렇지 않다면 방송과 유튜브에서 서울 아파트만을 사야 한다고 주장하는 전문가들의 말은 가려듣는 게 좋다.

우선 본인이 가지고 있는 자금으로 할 수 있는 투자를 하고, 서울로 입성하는 전략을 짜야 한다. 서울에 아파트만을 사야 한다고 주장하는 전문가들은 현실을 잘 모르거나, 장기적으로 틀릴 일이 없는 원론적인 이야기만 하는 것이다. 개인의 상황을 고려하지 않은 조언에 휘둘릴 필요 없다.

왜 갭투자자들은 강연으로 갭투자를 가르칠까?

리스크가 큰 투자에서 가장 큰 걱정거리는 무엇일까? 그 걱정거리를 떠올려보면 갭투자자들이 왜 그토록 강연을 통해 본인의 노하우를 전파하려 하는지 유추할 수 있다.

시중에 나와 있는 책들을 보면 제목이 상당히 자극적이다. 50채는 우습고 100채, 300채 등 수백 채씩 집을 가진 부자라고 자신을 어필하는 저자들이 많다. 평범한 일반인은 자기 살 집 하나 장만하기도 힘든데 수백 채씩 가지고 있다니 부럽기도 하고 궁금하기도 하다. 이런 저자들은 흔히 자신의 카페와 모임 등을 통해 갭투자 강연을 열어 사람들에게 자신의 갭투자 노하우를 가르친다. 부동산 강연을 찾아보면 유독 갭투자와 관련된 강의가 많다. 왜 이렇게 갭투자를 추천하고 부추기는 책과 모임, 강연이 많은 걸까?

자꾸 갭투자를
부추기는 이유

우선 갭투자의 개념에 대해 간단하게 살펴보자. 매매가격 1억원인 소형 아파트의 전셋값이 9천만 원이라면 이 집을 매입하는 데드는 비용은 얼마일까? 전세를 낀 상태에서 이 집을 매입한다면 필요한 자금은 단돈 1천만 원이다. 즉 1천만 원으로 소형 아파트 한채를 마련할 수 있다.

이런 방식으로 매입하면 비슷한 아파트를 1억 원으로 10채, 10억원으로 100채 매입할 수 있다. 전세를 극대화하고 자기자본을 최소화해 소자본으로 투자하는 방식이다. 경기가 좋으면 많은 수익을얻을 수 있지만 아파트 가격이 떨어지거나 자금 흐름이 원활하지않으면 단번에 파산할 수 있어 리스크가 큰 방법이다. 그래서 필자가 추천하는 투자 방식은 아니다.

전세를 낀 상태에서 차액만으로 매입하는 갭투자

집값

전셋값	차액(갭)

다만 확신이 있다면 무리하지 않는 선에서 적은 돈으로 부동산 투자를 할 수 있는 좋은 전략이라고 생각한다. 갭투자는 워낙 레버리지를 많이 안고 가는 투자 스타일이다. 앞선 사례처럼 1억 원의 아파트를 전세를 끼고 1천만 원에 산다면 부채만 무려 90%다. 이런 리스크가 큰 투자에서 가장 큰 걱정거리는 무엇일까? 그 걱정거리를 떠올려보면 왜 수많은 갭투자자들이 그토록 강연을 통해 본인의 노하우를 전파하려 하는지 유추할 수 있다.

그건 바로 본인이 아파트를 팔고 싶을 때 못 팔 수도 있다는 두려움이다. 생각해보자. 아무리 장기적으로 돈보다 실물자산인 부동산을 갖고 있는 게 유리하다고 하지만 적절한 시점에 현금이 필요한 경우도 있다. 자녀 교육자금, 노후자금 등을 위해선 일정 부분 적절히 현금으로 바꿔야 한다. 그런데 모든 돈이 갭투자에 들어가 있어 현금화할 수 없다면 매우 당황스러울 것이다.

이때 본인들이 교육하는 교육생들이 장기적으로 자신의 아파트를 사줄 수 있는 잠재적인 수요층이 된다. 그리고 그 교육생들이 또 비슷한 식으로 강연을 해 다른 아파트를 떠안아줄 수요층을 생산한다. 마치 다단계처럼 피라미드 구조로 자신이 강의하는 교육생들, 그리고 그 교육생들의 교육생들까지 잠재적인 수요층이 되어준다. 그렇게 수요가 늘어나면 갖고 있는 아파트의 가격까지 올라갈 테니 꿩 먹고 알 먹고다.

선의 속에 숨겨진
진실을 보자

유명 갭투자자들이 일관되게 주장하는 것처럼 가난한 사람들이 돈 벌 수 있는 방법을 알려주기 위한 선의의 마음이 있을 수도 있다. 하지만 앞에서도 강조했듯이 사람은 누구나 이기적이다. 본인에게 조금도 도움이 되지 않는데 자신만의 노하우나 정보를 100% 선의로 전달할 수 있을까? 그 선의 속에 감춰진 본마음을 봐야 한다고 생각한다.

강의료도 갭투자자들에게는 큰 수익이다. 4~5주 강의가 보통 50만~100만 원이고, 갭투자 컨설팅 수수료가 500만~1천만 원인 걸 감안하면 강연료만으로도 많은 이익을 취하는 셈이다. 5주 강의료 50만 원씩 100명이면 강연료 수입만 5천만 원이니, 한 달에 갭투자 강의로 족히 수백만 원에서 수천만 원을 벌게 된다. 자신이 갖고 있는 아파트를 사줄 잠재적인 수요층도 늘어나는데 하지 않을 이유가 없다. 말 그대로 일석이조다. 물론 강연장 대여료 등 따로 드는 비용도 있을 테니 강의료 전체가 순수익은 아니겠지만 일반적인 월급쟁이들의 관점에선 적지 않은 수입이다.

여담이지만 솔직히 필자는 많게는 1천만 원씩 컨설팅 수수료를 지불하면서까지 갭투자를 하는 사람이 잘 이해되지 않는다. 아마 책이나 강연을 통해 해당 전문가를 맹신하게 되어 그렇게 큰돈을 쓰는 것이라고 생각한다. 이런 걸 보면 사이비교주는 종교나 이념에서만 나오는 건 아닌 것 같다. 부동산에서도 비슷하게 현혹되는 사람들이 있다는 현실이 씁쓸할 뿐이다.

왜 부동산 전문가들의 전망은 짜꾸 틀릴까?

이론에 도가 튼 전문가보다는 실전 경험이 많은 전문가가 더 낫다. 예기치 않은 변수들을 경험해본 시장 전문가를 이론만 전문가인 사람이 따라가기는 어렵다.

매년 부동산 전문가들은 각자의 부동산 전망을 내놓는다. 하지만 이들의 전망은 대다수 틀린다. 아주 간혹 맞는 경우도 있지만 대부분은 틀린 전망을 내놓는다. 왜 그럴까? 필자가 부동산 현장에서 느낀 점들을 솔직하게 이야기하고자 한다.

우선 애널리스트를 포함해 많은 부동산 전문가들은 실전에서 뛰기보다 이론가인 경우가 많다. 심지어 제대로 된 투자를 한 번도 해보지 않고 전문가로 불리는 경우도 있다. 그들이 전문가로 포장되는 이유는 부동산 관련 업체에 취업해서 부동산 칼럼을 쓰는 업무를 해왔기 때문이다. 업무 특성상 자연스레 부동산부 기자들과 친해지고, 부동산 기사에 그들의 칼럼이 실리면서 어느새 부동산 전문가로 이름을 알리게 되는 것이다.

물론 부동산 전문가라고 해서 꼭 본인이 투자를 해야 한다는 법은 없다. 실제로 주식 애널리스트들도 공정성을 위해 주식 투자를 하지 못한다. 불법 차명 거래를 하지 않는 이상 주식 투자엔 손댈 수 없다. 하지만 실전 투자를 하지 않고 이론만 아는 사람들을 진정한 전문가라고 할 수 있을까? 그들은 그냥 학자일 뿐이지 않을까?

현짱에서 뛰지 않으면
현짱을 딸 모른다

학술(學術)의 중요성을 부정하고자 하는 것은 아니다. 다만 맹신하지는 말자는 것이다. 수영을 배워야 하는데 이론으로만 아는 사람에게 배우는 것과 직접 해본 사람에게 배우는 것은 천지 차이다. 심지어 선수 출신이라면 배우는 바가 크게 다를 수 있다. 마찬가지로 투자도 이론에 도가 튼 전문가보다는 실전 경험이 많은 전문가가 더 낫다. 예기치 않은 변수들을 경험해본 시장 전문가를 이론만 전문가인 사람이 따라가기는 어렵다. 필자의 경험상 실전 전문가가 시장을 바라보는 게 더 정확한 경우가 많았다.

대부분의 '진짜' 전문가들은 본인의 이름을 드러내는 걸 싫어한다. 투자로 얼마든지 돈을 벌 수 있는데 굳이 이름을 알릴 필요도 없고, 투기꾼이라며 색안경을 끼고 보는 사람들의 시선도 부담스러워 한다. 무엇보다 이름이 많이 알려진다고 해서 본인의 투자에 도움이 될 것도 없고, 정확한 부동산 전망을 방송에서 떠든다 하더라도 본인에게 돌아오는 게 없다.

오히려 부동산 투자 고수들은 재야에 숨어 있는 경우가 더 많다. 이론에만 빠삭한 전문가나 학자들이 언론을 통해 부동산 전망을 내놓는 경우가 훨씬 많기 때문에 자주 틀리는 것이다. 이론 전문가는 말 그대로 '이론'만 전문가일 뿐이다. 그들의 조언이 부동산 시장의 미래를 내다보는 데 참고용으로는 유의미할지 모르나 맹신해서는 안 된다.

만약 자신의 전망에 자신 있다면 아마 본인의 돈으로 열심히 투자하기 바쁠 것이다. 미래를 예측할 수 있다면 돈을 버는 건 땅 짚고 헤엄치기 아니겠는가? 하지만 실제 부동산 투자로 큰돈을 번 전문가를 필자는 많이 보지 못했다. 오히려 재야에 숨어서 부동산 투자로 돈을 버는 고수들이 훨씬 더 많다.

그렇다면 지금 이 책을 통해 부동산 전망에 대해 이야기하고 있는 필자는 어떤 사람일까? 판단은 독자인 여러분에게 달려 있지만, 냉정히 봤을 때 필자는 딱 중간에 위치한 사람이다. 방송에도 나오고 책도 쓰고 있지만 실전에 강하기도 하다. 물론 '진짜' 고수들의 입장에선 어느 하나 정점을 찍지 못한 어중간한 포지션으로 보일 수 있다. 그래서 필자의 목소리도 맹신할 필요 없이 그저 투자를 위한 발판으로 삼으면 된다. 만일 필자의 의견과 다른 생각을 갖고 있다면 누가 옳고 그른지 냉정하게 되짚어본 뒤 결정을 내리면 될 따름이다.

왜 부동산 투자에
실패하는 사람이 많을까?

반드시 피해야 할 부동산 혹은 굳이 신경 쓸 필요가 없는 부동산
만 잘 기억해두고 투자 대상에서 제외한다면 에너지와 시간을 아
낄 수 있다.

　많은 사람들이 부동산 투자를 어렵다고 느낀다. 부동산 투자에
성공하기 위해서는 지역, 시세, 세금, 정책, 정치 상황 등을 총망라
해 공부해야 한다고 생각한다. 심지어 세계 경제를 꿰뚫고, 시장 참
여자들의 심리와 자본주의의 본질까지 통찰해야 한다. 그래서 마치
도를 닦듯이 부동산 공부를 한다.

　물론 투자 시 고려하거나 공부해야 할 사항이 많은 건 사실이다.
투자해야 할 부동산 유형도 많다. 토지, 아파트, 다세대주택, 오피스
텔, 상가, 지식산업센터 등 종류가 너무 많아 무엇부터 공부해야 하
는지조차 몰라 답답할 것이다.

부동산 투자의
본질은 따로 있다

모든 것의 본질은 단순하다. 복잡할수록 그건 본질이나 진리가 아닐 수 있다. 이 세상은 너무나 복잡하고 다양하다. 그 안에서 본질을 볼 줄 알아야 핵심으로 들어갈 수 있고, 세상과 사물에 대해 깊게 이해할 수 있다.

투자도 마찬가지다. 정보가 너무 많은 게 문제일 뿐 사실 투자 정보는 원하면 언제 어디서든 쉽게 얻을 수 있다. 인터넷으로 검색만 하면 사고자 하는 아파트의 시세와 주변 환경, 학군, 교통 여건 등 원하는 모든 정보를 열람할 수 있다. 오히려 주식보다 정보의 비대칭성이 덜하다. 그런데 정보가 워낙 많고 다양하니 올바른 결정을 내리기가 힘들게 느껴진다. 역설적이지만 투자 정보가 너무 많은 점이 오히려 투자를 더 어렵게 만들고 있다.

본질을 아는 사람은 사물이나 형상을 단순화시킨다. 얽힌 실타래를 풀고 그 안에서 핵심을 찾아야 한다. 다행히도 무조건 성공하는 노하우는 없지만, 최소한 처참히 실패하지 않는 비법은 있다. 이 방법들을 머릿속에 넣는 게 먼저다. 투자를 쉽게 하기 위해서라도 꼭 하지 말아야 할 부분, 꼭 피해야 할 부분에 대해서는 신경을 끄는 것이 좋다. 선택과 집중이 필요하다는 말이다.

집중할 곳에 집중하기 위해서 불필요한 부분은 과감히 정리해야

역설적이지만 투자 정보가 너무 많은 점이 오히려 투자를 더 어렵게 만들고 있다. 본질을 아는 사람은 사물이나 형상을 단순화시킨다.

한다. 부동산 투자도 마찬가지다. 굳이 신경 쓰지 않아도 될 영역까지 공부하고 신경 쓰기 때문에 정확한 시점에 올바른 투자 결정을 내리지 못하는 것이다. 지금 필자가 언급하는 반드시 피해야 할 부동산 혹은 굳이 신경 쓸 필요가 없는 부동산만 잘 기억해두고 투자 대상에서 제외한다면 에너지와 시간을 아낄 수 있다.

이번 장에서는 초보 투자자가 굳이 알 필요 없는 부동산 혹은 초보 투자자들이 절대 손대면 안 되는 부동산에 대해 이야기하고자 한다. 이런 부동산은 나중에 일반적인 부동산 물건에 빠삭해진 뒤에 접해도 늦지 않다.

5가지 찌레밭만
피해도 실패가 없다

1. 기획부동산

갑자기 전화 한 통이 온다. "○○경매회사입니다. 혹시 토지에 관심이 있으십니까?" 이런 전화를 받아본 적이 있다면 발신처는 100% 기획부동산이다. 기획부동산의 수법은 개발할 수 없는 땅을 헐값에 사서 잘게 분할한 뒤, 그 상품성이 없는 토지를 일반인들에게 비싼 가격에 팔고 이익을 취하는 것이다.

대부분 이런 토지는 영원히 팔 수 없기 때문에 절대로 사서는 안 된다. 하지만 생각보다 많은 사람들이 기획부동산에 속아 돈을 잃는다. 혹시 이런 전화가 온다면 받지도 말고 상대하지도 말자. 토지를 사고 싶다면 현지에 있는 부동산을 통하거나 경매를 받아 사면 그만이다. 정말 돈 되는 땅이라면 모르는 사람에게 전화로 팔 리 없다. 절대 기획부동산에 속아 토지를 사지 말자.

2. 쇼핑몰 상가

쇼핑몰 상가 중에 괜찮고 월세가 많이 나오는 곳도 있기는 있다. 하지만 아직 부동산에 대해 잘 모르는 초보자라면 손을 떼는 게 낫다. 부동산 초보자가 쇼핑몰 상가를 사는 건 '환율'의 '환' 자도 모르는 사람이 FX거래에 손을 대는 것과 마찬가지다. 잘못 사면 평생 고

생해야 하는 곳이 바로 쇼핑몰 상가다. 필자에게 상담을 받았던 어떤 분도 쇼핑몰 상가에 투자했다가 몇 년째 공실에 시달리고 있다며 고충을 토로했다. 인근에 프리미엄 아웃렛이 생겨 상권을 빼앗긴 탓에 공실상태로 관리비만 낸다고 했다. 쇼핑몰 상가는 상권이 바뀌거나 트렌드가 바뀌면 계속해서 공실로 남을 수 있기 때문에 초보 투자자라면 아예 쳐다보지도 말자.

3. 지역주택조합 아파트

지역주택조합 아파트는 저렴한 분양가를 내세워 무주택자들을 현혹한다. 지역주택조합 아파트 중에서도 아주 극소수는 사업이 잘 풀리고 아파트 가격이 오르기도 하니 보는 눈이 있다면 수익을 낼 수도 있다. 하지만 대부분의 지역주택조합 아파트는 사업이 지연되거나 생각보다 수익이 적어 투자가치가 현저히 떨어지는 경우가 많다. 무엇보다 사업이 너무 길게 지연되면서 마음고생을 크게 하는 사례가 많아 초보 투자자라면 되도록 피하는 게 좋다.

4. 호텔 객실 분양

호텔 객실 분양은 제주도, 인천, 강원도 등에서 '수익 보장'이라는 문구를 내세우며 많이 거래되었다. '연 8% 수익 보장!' 이런 식으로 광고하며 다달이 수익이 필요한 퇴직자들에게 판매되기도 했다. 하지만 사드 사태로 예상보다 관광객이 오지 않게 된 데다 과잉

공급되어 장기간 공실이 나는 경우가 태반이다. 마찬가지로 호텔 객실 분양도 안정적으로 운영이 되거나 약속한 이윤을 꼬박꼬박 주는 곳도 종종 있지만, 그보다는 실패하는 사례가 훨씬 많기 때문에 분양받지 않는 게 좋다.

5. 다세대주택

다세대주택 역시 주의를 요한다. 앞에서도 언급했듯이 시행사 대표들이 방송에 나와 다세대주택을 추천 매물로 내세우는 경우가 많다. 결론부터 이야기하자면 다세대주택은 최근 부동산 투자 트렌드와는 부합하지 않는 물건이다. 과거 필자도 다세대주택 투자로 10억 원을 모은 적이 있지만, 그때는 그때고 지금은 지금이다. 물론 투자 사이클이 돌아 다시 다세대주택이 빛을 보는 시기도 올 수 있지만 일단 적어도 지금은 다세대주택으로 돈을 벌기가 쉽지 않다. 따라서 확신이 없는 상태에서 다세대주택에 손을 대는 건 지뢰를 밟는 것과 같으니 주의해야 한다.

이상으로 간략하게 주의해야 할 부동산 5가지에 대해 알아봤다. 오해하지 말아야 할 것은 5가지 부동산이 '전부' 나쁘다는 것은 아니라는 점이다. 나쁜 사례가 많아 초보 투자자라면 웬만하면 피하는 게 낫다는 취지에서 정리한 내용이다. 이 5가지 부동산만 피해도 큰 손해를 보는 경우는 정말 드물다.

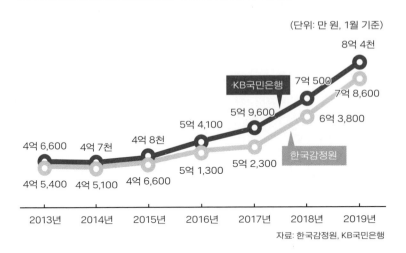

2013~2019년 서울 아파트 중위가격 추이

(단위: 만 원, 1월 기준)

KB국민은행

한국감정원

8억 4천
7억 500
7억 8,600
6억 3,800
5억 9,600
5억 4,100
5억 2,300
5억 1,300
4억 8천
4억 7천
4억 6,600
4억 6,600
4억 5,400
4억 5,100

| 2013년 | 2014년 | 2015년 | 2016년 | 2017년 | 2018년 | 2019년 |

자료: 한국감정원, KB국민은행

과거 6년간 서울 아파트의 중위가격(매매가격을 순서대로 나열했을 때 중간에 있는 가격)이 어떻게 움직이는지 살펴보면 그래도 가격이 조금씩 올라갔다는 걸 알 수 있다. 물론 평균치이므로 떨어진 지역도 있을 수 있지만 장기적으로는 상승 흐름을 보였다. 부동산은 단기적으로 상승과 하락의 사이클이 존재하지만 장기적으로 보면 물가상승률만큼은 시세가 오른다는 걸 알 수 있다. 오피스텔 역시 마찬가지다.

주변에 주식 투자에 실패해 모든 걸 잃는 사람은 있어도 부동산, 그것도 아파트 위주로 투자해 모든 걸 잃는 사람은 많지 않다. 그만큼 아파트 위주의 부동산 투자는 생각보다 리스크가 적다. 리스크가 적다고 수익률까지 작은 건 아니다. 입지가 좋은 지역의 아파트는 최근 몇 년간 수억 원 이상 오른 곳도 많다.

따라서 아파트와 오피스텔, 임대가 완료된 상가 위주의 투자 물건은 생각보다 리스크가 적고 수익률도 쉽게 극대화시킬 수 있다. 앞서 이야기한 5가지 지뢰밭만 밟지 않으면 된다. 지뢰밭을 잘못 밟아 향후 돈이 묶이면 투자할 수 있는 기회를 영영 박탈당할 수 있다. 이 5가지 부동산에 투자하지 않는 방향으로 접근한다면 최소한 크게 실패하지는 않을 것이다.

목돈이 없어도
부동산 투자가 가능하다

내집마련에 성공한
B의 투자 후기

저는 순탄하게 대학원을 졸업하고 회사를 다니면서 가정을 일구었지만 평소 재정 문제에는 큰 관심이 없었습니다. 부모님께서 "왜 현실적인 문제를 고민하지 않느냐?"라고 이야기하실 정도로 돈에 대해 진지하게 고민하지 않았고, 막연히 '언젠가는 나도 내 보금자리가 생기겠지.'라고만 생각한 채 전세를 전전했습니다. 하지만 나이를 먹을수록 불안감은 커졌습니다.

사실 아무리 돈에 관심이 없어도 내집마련이 필요하다는 생각은 가지고 있었습니다. 하지만 집값은 연일 천정부지로 치솟았고, 이래서야 도대체 언제 내집을 가질 수 있을지 막막하기만 했습니다. 갖고 있는 자금과 집값의 격차가 커지니 섣불리 움직일 생각을 하지 못했습니다. '목돈이 있어야 부동산 투자가 가능하다.'라는 생각에 부동산 투자는 점점 남의 일처럼 멀어졌죠.

그러다 '밑져야 본전이니 조금씩이라도 공부해보자.'라고 마음먹고 책을 사 읽기 시작했습니다. 다른 유명 부동산 전문가에게 상담을 받기도 했고, 강연도 수차례 찾아갔습니다. 그러나 그들이 추천해준 투자 방식은 저에게 맞지 않았고, 합리적이지 않다는 생각이 들었습니다. 그런데 대표님의 책 『마흔살 건물주』는 달랐습니다. 리스크 큰 투자를 일방적으로 강요하지 않았고, 합리적인 선에서 투자할 수 있는 노하우를 알려주었습니다.

책에서 그치지 않고 대표님의 블로그, 유튜브, 브런치도 찾아보았습니다. 특히 대표님의 유튜브 채널은 편집이 화려하지도, 업로드된 동영상 수가 많지도 않았지만 초보 투자자인 저에게 정말 큰 도움이 되었습니다.

다른 유명 부동산 전문가들의 책과 강연에 실망하면서 '역시 부동산 투자는 위험하고 어려워.'라고 생각하고 있었는데, 정말 운 좋게도 대표님의 콘텐츠를 접하게 되면서 생각을 달리하게 되었습니다. 부동산 시장의 흐름과 투자 트렌드를 읽으면 실패하지 않는 투자가 가능하다는 걸 깨닫게 되었죠.

직접 대표님을 만나보고 싶다는 생각이 들더군요. 저는 사교적이지 않아서 처음 만나는 사람과 말도 잘 못하지만, 실제로 만나본 대표님은 소탈하고 정감이 갔습니다. 제가 가진 돈이 수도권의 집을 사기에는 턱없이 부족하자 대표님은 목돈을 모으라는 피상적인 답변 대신 친절하게 여러 선택지를 알려주셨습니다. 그래서 소액으로도 부동산 투자가 가능하다는 걸 배우게 되었습니다.

다른 전문가와 다른 점은 "이렇게 투자하면 무조건 돈이 됩니다." "손해를 볼 수 없는 물건입니다."와 같은 말을 하지 않으셨다는 것입니다. 다만 "가만히 있는 것보다는 투자를 해보는 게 좋습니다. 부동산 투자를 너무 어렵게 생각하지 마시고 항상 관심을 가지고 시장 동향을 살펴보세요. 섣부르게 뛰어들면 손해를 볼 수 있지만 감내할 수 있는 수준에서 리스크를 관리하면 괜찮습니다."라고 말씀해주셨습니다.

이후 자극을 받은 저는 내집마련에 성공할 수 있었고, 목돈이 있어야지만 부동산에 투자할 수 있다는 편견을 내려놓을 수 있었습니다. 지금도 저에겐 큰 투자를 할 만큼 많은 자산은 없지만, 이번 기회를 통해 무리하지 않는 선에서 부동산도 소액 투자가 가능하다는 걸 깨닫게 되었습니다.

본업 외엔 관심이 없던 제가 부동산 투자를 할 수 있게 도와준 대표님께 감사드립니다. 이 글을 읽는 여러분도 목돈이 없다고 투자를 미루지 말고, 목돈을 만들기 위해서라도 부동산 투자를 공부하시기 바랍니다.

3장

대한민국 부동산의
현주소

2018년, 서울 집값이 가파르게 상승한 이유

과거 참여정부 시절의 부동산 정책과 그 결과를 보면 현 정부의 부동산 정책과 그 결과도 어느 정도 유추할 수 있다.

2018년 7월부터 서울의 집값이 가파르게 상승하기 시작했다. 많은 전문가들의 예상과 달리 서울 아파트는 죽지 않았다. 강남과 용산을 비롯해 마포 등 서울 핵심 지역뿐만 아니라 그동안 집값 상승이 더뎠던 강북구나 노원구의 집값도 크게 올랐다. 갑자기 서울 아파트 가격이 상승한 이유는 무엇일까?

2018년 7월 9일, 박원순 시장은 리콴유 세계도시상 수상을 위해 찾은 싱가포르에서 용산과 여의도를 함께 개발하겠다는 계획을 발표했다. 정치권에서는 한목소리로 박원순 시장의 섣부른 발표가 집값 상승에 불을 붙였다고 비판했지만, 필자는 단순히 용산·여의

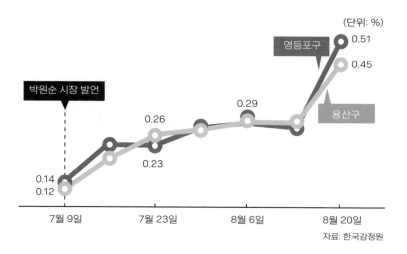

박원순 시장 발언 후 급등한 용산·여의도 집값

(단위: %)

영등포구 0.51

0.45

박원순 시장 발언

0.29

0.26

용산구

0.23

0.14
0.12

7월 9일   7월 23일   8월 6일   8월 20일

자료: 한국감정원

도 개발계획만으로 서울 시내 집값이 상승한 건 아니라고 본다. 만일 그랬다면 용산·여의도 개발계획이 철회된 후에 서울 시내 집값은 다시 하락했어야 한다. 물론 일부 요인으로 작용한 건 맞겠지만 그게 전부는 아닐 것이다.

결국 2018년 8월 26일 박원순 시장은 개발계획을 철회했다. 하지만 서울 아파트의 기세는 수그러들지 않았다. 정부의 강력한 규제에도 불구하고 2018년 7월부터 서울 시내 집값이 급등한 이유는 무엇일까? 서울 시내 집값이 정책에 따라 안정화되길 바라던 정부의 목표와 다르게 움직인 원인을 분석해보면 부동산 가격의 향방을 어느 정도 예측할 수 있을 것이다.

정책이 시장을
이길 수 있을까?

앞에서 필자는 현재 여당인 진보정권이 보수정권에 비해 상대적으로 자유보다 평등을 더 소중하게 여긴다고 이야기했다. 그들은 사람의 욕망을 억제해서라도 시장을 통제하겠다는 규제 위주의 부동산 정책을 내놓았고, 그게 옳은 방향이라는 신념을 갖고 있다.

문재인 정부의 부동산 정책을 설계한 사람은 김수현 전 청와대 정책실장이다. 그는 과거 노무현 대통령의 참여정부 시절에도 부동산 정책을 진두지휘했다. 참여정부 시절의 부동산 정책을 현 정부

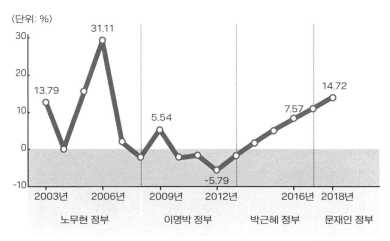

역대 정권별 서울 아파트 매매가격 변동률

(단위: %)

자료: 부동산114

에서 버전만 다르게 각색해 썼는데 효과가 있을지는 미지수다.

따라서 참여정부 시절의 부동산 정책과 그 결과를 보면 현 정부의 부동산 정책과 그 결과도 어느 정도 유추할 수 있다. 프롤로그에 썼듯이 우리는 과거를 통해서 미래를 유추할 수 있다. 필자가 학창 시절 목동이 개발되는 과정을 지켜본 후 제2의 목동아파트가 될 만한 지역을 미리 선점하기 위해 노력했던 것처럼, 우리도 과거 정부 정책을 통해 미래를 유추해야 한다. 이제 간단하게 참여정부 시절의 부동산 정책을 살펴보고 그 결과에 대해 검토해보자.

도표로 정리한 주요 부동산 정책 외에도, 참여정부는 2003년 투기지역 내 주상복합 및 조합 아파트 분양권의 전매를 금지하고 재건축 아파트를 80% 이상 시공한 후 분양하도록 했다. 또 수도권 전역의 투기과열지구 및 투기지역을 확대했지만, 정부의 정책과 별개로 집값은 계속 상승했다.

2008년 당시 반포래미안은 80% 이상 시공한 후 분양되었고 미분양 물량이 생겼다. 리먼발 글로벌 금융위기의 영향도 있었을 것이다. 그때 전용면적 59m²의 분양가가 7억 8천만 원 내외였고, 전용면적 84m²의 분양가가 10억 원 내외였다. 지금 시세와 비교해보면 어떤가? 이때 반포래미안 미분양 아파트를 잡은 사람들은 최소 10억 원 이상을 벌었을 것이다.

2003년 10월 29일에는 종합부동산세가 도입되었다. 종합부동산세도 양도소득세와 마찬가지로 세대별로 합산 과세를 하려 했지

참여정부의 주요 부동산 정책

시기		내용
2003년	10월 29일	종합부동산세 도입, 다주택 양도소득세 강화, LTV 규제 강화
2005년	8월 31일	양도소득세 강화, 실거래가 신고 의무화
2006년	3월 3일	DTI 도입, 재건축부담금제 도입
2006년	11월 15일	LTV 규제 강화
2007년	1월 11일	청약 가점제 시행, 민간택지 분양가 인하

자료: 땅집고

만 헌법재판소에서 위헌 판결이 나면서 개인별 과세가 적용되었다. 즉 개인별 주택 공시가격의 합계액이 6억 원을 초과하면 종합부동산세가 부과되지만, 공시가격 12억 원의 아파트가 부부 공동명의일 경우에는 각각 6억 원 이하로 종합부동산세 대상이 되지 않는다.

종합부동산세와 달리 양도소득세는 세대별로 합산되어 과세되기 때문에 주의해야 한다. 예를 들어 성인 자녀와 부모가 각각 집이 있을 경우 종합부동산세는 개인별로 과세하기 때문에 자녀와 부모의 집이 각각 공시가격 6억 원을 넘지 않으면 해당되지 않는다. 하지만 양도소득세는 부모와 자녀가 세대 분리를 하지 않고 한 집에서 살면 1세대 2주택으로 간주하기 때문에 주의해야 한다. 실제로 부모의 집을 파는데 자녀가 갖고 있던 집을 고려하지 못해 조정대상지역 내 양도소득세 중과에 해당되어 세금 폭탄을 맞는 경우가 많았다.

2006년에는 투기지역의 6억 원 초과 주택을 구입할 시 DTI(상환능력을 소득으로 따져서 대출 한도를 정하는 계산 비율)가 40%로 적용되었고, 재건축 안전진단 기준이 강화되었다. 또한 이때 처음으로 재건축부담금제가 도입되었다. 강남권 재건축 아파트 단지의 집값을 잡겠다는 취지로 만들어졌지만 오히려 신규 재건축을 막아 새 아파트 가격이 오르는 부작용을 낳는다.

이처럼 정책은 예상과 달리 큰 부작용을 낳을 수 있다. 당시 집값은 정부 정책에도 불구하고 2008년 글로벌 금융위기 전까지 큰 폭으로 상승했다. 아이러니하게도 집값이 잡힌 건 전 세계를 강타한 경제 위기 덕분이었다. 참여정부는 출범과 함께 투기와의 전쟁을 선포하면서 집값을 잡기 위해 동분서주했지만, 아파트 값은 오히려 역대 최고 수준으로 뛴다. 2003~2007년 아파트 값 상승률은 서울이 68.14%, 전국이 42.44%에 달했다. 정책이 시장을 이기지 못한 전형적인 사례다.

과거 참여정부 시절 부동산 대책을 살펴보면 규제 위주였다. 그중 다주택자들을 겨냥한 양도소득세 중과가 가장 큰 패착이었다. 당시 정부는 2주택은 50%, 3주택은 60%로 양도소득세율을 올리면 다주택자들이 갖고 있는 물건을 내놓을 것이라고 예상했지만, 다주택자들은 버티겠다는 생각으로 시장에 물건을 내놓지 않았다. 결국 동결효과(납세에 대한 저항으로 부동산을 매도하지 않아 부동산 거래가 동결되는 효과)로 부동산 가격만 크게 상승했다. 참여정부 시절 부동산 정책으로 우리가 얻을 수 있는 교훈은 다음과 같다.

1. 규제 위주의 부동산 정책은 효과를 보기 어렵다.
2. 집값은 일단 방향을 잡으면 그 방향을 틀기가 상당히 힘들다. 규제가 강할수록 풍선효과(어떤 부분에서 문제를 해결하면 또 다른 부분에서 새로운 문제가 발생하는 현상)로 부작용이 커질 수 있다.
3. 규제가 치밀하지 않다면 그 빈틈을 파고들자.

문째인 쩡부의 쩡책은
과연 다를까?

문재인 정부의 첫 부동산 정책은 DTI와 LTV(주택의 담보가치에 따른 대출금의 비율)를 10%씩 강화하는 규제책이었다. 조정대상지역을 기존 37개에서 40개로 늘렸고, 서울 시내 분양권 전매가 금지되었다. 기존에는 강남4구(강남·서초·송파·강동) 지역만 분양권 상태에서 매매되지 않았지만 이 대책으로 서울 전 지역으로 확대되었고 분양권은 등기 후에 매매가 가능해졌다.

이후 그 유명한 8·2 대책이 시행된다. 이는 노태우 정부의 1기 신도시, 이명박 정부의 보금자리주택 등 공급 위주의 부동산 대책

문재인 정부의 주요 부동산 정책

시기		내용
2017년	6월 19일	대출 규제 조정대상지역 확대, LTV·DTI 비율 축소
2017년	8월 2일	서울 전 지역 및 경기 과천·세종시 투기과열지구 지정, 강남4구 등 서울 11개구 투기지역 지정, 다주택자 양도소득세 중과 발표
2017년	10월 24일	중도금 대출 한도 축소, 신DTI 및 DSR 단계적 도입
2017년	12월 13일	다주택자 주택임대사업자 등록 시 양도소득세 중과세 배제, 건강보험료 인하
2017년	2월 22일	안전진단 평가 구조 안정성 비중 50%로 확대, '조건부 재건축'은 공공기관 재검증

자료: 파이낸셜뉴스

과는 상반된 정책이다. 문재인 정부는 전반적으로 부동산 시장을 안정시켰던 공급 정책이 아닌 대출 규제와 분양권 전매 제한 등 수요 억제책을 썼다.

2006년 참여정부 시절의 정책과 상당히 유사해 보이지 않는가? 과거 참여정부 시절 크게 실패했던 부동산 정책의 설계자가 이번 문재인 정부의 부동산 정책도 설계했으니 당연한 결과다. 그가 쓴 책『부동산은 끝났다』의 제목만 보더라도 어떤 성향을 가졌는지 짐작할 수 있다.

역시나 안타깝게도 부동산 시장은 잠시 소강상태를 보였을 뿐, 2017년 8·2 대책 이후 9월이 되자 다시 오르기 시작했다. 8·2 대책

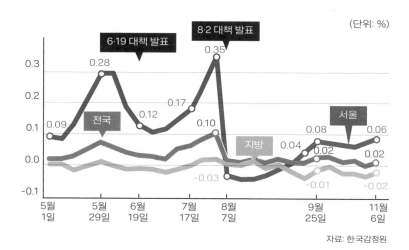

6·19 대책과 8·2 대책 전후 주간 아파트 매매가격 추이

(단위: %)

- 6·19 대책 발표
- 8·2 대책 발표
- 0.35
- 0.3
- 0.28
- 0.2
- 0.17
- 0.12
- 0.1
- 0.09
- 전국
- 0.10
- 0.08
- 서울
- 0.06
- 지방
- 0.04
- 0.02
- 0.02
- 0.0
- -0.03
- -0.01
- -0.02
- -0.1

5월 1일 / 5월 29일 / 6월 19일 / 7월 17일 / 8월 7일 / 9월 25일 / 11월 6일

자료: 한국감정원

은 여러 가지 부작용을 낳았다. 그중 가장 대표적인 게 양극화 현상이다. 정부에서 지정한 조정대상지역 중심으로 부동산 가격이 급등했고, 수도권 내 비인기 지역과 지방 부동산 시장은 침체되었다. 섣부른 규제책이 양극화 현상을 야기했다.

주택 소유 여부와 상관없이 투기과열지구 내 주택담보대출의 LTV를 일률적으로 40%로 제한한 것도 문제가 되었다. 주택 구입 목적의 신용대출이 늘어나 꾸준히 감소해오던 신용대출 규모가 급증세로 반전한 것이다. 신용대출이 늘어나면 당연히 가계부채 리스크가 커지기 때문에 재정 건전성에 위협을 가져온다. 상대적으로 대출 규제가 약한 상업용 부동산과 토지 시장으로 뭉칫돈이 몰리는 부작용을 낳기도 했다.

집값은 일단 방향을 잡으면 그 방향을 틀기가 상당히 힘들다. 따라서 규제가 강하면 강해질수록 풍선효과로 부작용이 커질 수 있다.

이후 시행된 10·24 대책은 8·2 대책과 그 후속 조치에 이은 부동산 규제책이다. 문재인 정부의 가계부채 종합대책으로, 김동연 전 기획재정부 장관 주재로 금융위원회와 국토교통부가 배석해 발표되었다. 가계부채 종합대책의 목표는 투기 목적의 부동산 매매를 막기 위해 주택담보대출을 더 옥죄고, 채무 상환이 어려운 저소득층과 자영업자들을 지원하는 것이었다. 하지만 실효성은 여전히 의문으로 남는다.

정부의 강력한 규제에도 불구하고 2018년 6월부터 서울 시내 집값은 다시 오르기 시작했다. 그러자 정부는 9·13 대책을 내놓는다. 종합부동산세 강화 및 신규 취득 주택임대사업자 혜택 축소, 대출 규제 강화가 주요 골자다. 그러나 9·13 대책으로 시장은 부동산 거래가 동결되었고, 이후 일부 강남 재건축 단지들의 호가만 2억~ 3억 원 정도 떨어졌다. 아직까지 시장이 안정화되었다고 하기에는 이르며 좀 더 시장을 지켜볼 필요가 있다.

문재인 정부의
부동산 정책과 향방

정책이 잘못되었다면 솔직하게 인정하고 시장 친화적인 방향으로
나아가면 된다. 그게 가능할지는 좀 더 두고 봐야 한다.

　　문재인 정부의 부동산 정책은 과거 참여정부 시절과 마찬가지로
부동산 규제에 초점을 맞춘다. 하지만 공급 계획이 없는 규제 위주
의 정책은 성공할 가능성이 낮다고 생각한다. 필자가 단순히 부동
산 업계에 종사하고 있기 때문에 늘어놓는 비관론이 아니다. 이는
지극히 현실적이고 누구나 조금만 되짚어보면 알 수 있는 '사실'이
다. 정부도 이러한 사실을 직시했는지 '공급이 없어도 된다.'라는 기
존의 입장을 바꾸고 공급 정책을 내놓는다. 그것이 바로 3기 신도시
발표다.

3기 신도시의
배경과 미래

3기 신도시로 하남 교산, 남양주 왕숙, 인천 계양 외에 추가로 고양 창릉과 부천 대장을 지정했다. 3기 신도시를 지정한 배경은 공급을 통한 집값 안정에 있다. 하지만 일산신도시, 운정신도시, 검단신도시 등 기존의 1·2기 신도시 주민들은 그동안 서부권 신도시의 교통 여건과 인프라도 제대로 확충하지 않은 상태에서 3기 신도시를 발표한 건 잘못된 정책이라고 항의하고 있다. 주민들의 거센 반발로 향후 3기 신도시 개발계획이 어떤 방향으로 흘러갈지는 좀 더 두고 봐야 할 것 같다.

3기 신도시 발표를 보면 자꾸만 참여정부 시절이 떠오른다. 단언컨대 필자는 문재인 정부의 부동산 정책은 실패할 것이라고 생각한다. 그 이유는 다음과 같다.

우선 부동산 정책을 설계하는 이들의 정치적인 색깔이 시장 지향주의와는 거리가 너무 멀다. 과거 김동연 전 경제부총리도 "경제문제에 있어서만큼은 이념이나 사상이 들어가지 않았으면 좋겠다." 라는 취지의 발언을 한 적이 있다. 경제 정책에 이념이나 사상이 들어가면 안 된다는 이야기다.

김동연 전 경제부총리는 인터뷰를 통해 "진보·보수의 이분적인 프레임에 동의하지 않는다. 경제 문제에 있어서 지나친 이념 논쟁,

정쟁(政爭)이 들어가면 안 된다. 역사의 흐름 속에서 국가 비전과 우리 경제가 나아가야 할 방향을 찾아야 한다. 현실을 직시하고 정확한 문제 분석을 통해 실용적인 해결 방안을 도출해야 한다. 균형감은 '소신의 함수'다. 틀에 박히지 않은 사고와 답을 찾기 위해 늘 고민하고 있다."라고 이야기한 바 있다.

하지만 안타깝게도 현 정부의 부동산 정책 입안자들은 지나치게 편향되어 있다. 특히 전반적인 경제 분야의 책임 관료들이 그러하다. 필자는 앞서 '왜 진보성향 정치인들은 부동산을 사회악으로 여길까?'라는 화두를 던진 바 있다.

진보성향 정치인들은 기본적으로 국가가 시장을 통제할 수 있고, 그렇게 해야 시장이 원활하게 잘 돌아간다고 믿는다. 토지 공개념을 주장했던 추미애 더불어민주당 전 대표도 그런 사고방식의 틀에서 벗어나지 않았음을 알 수 있다. 그녀는 "헨리 조지가 살아 있다면 토지 사용권은 인민에게 주고 소유권은 국가가 갖는 중국 방식을 지지했을 수도 있다."라는 발언을 했다.

물론 사회 전체의 이익을 중시하는 이데올로기가 나쁜 것만은 아니고, 평등이 불필요하다고 생각하지도 않는다. 하지만 경제 논리에서 이러한 사상은 이미 그 실효성을 잃어버린 지 오래다. 사회주의 노선의 나라들조차 경제 문제에 있어서는 자유시장주의의 법칙을 따르지 않는가? 이는 어쩌면 당연한 현상이다. 함께 생산하고 소비하자는 공산주의는 더 적게 생산하고 더 많이 가져가려는 인간의 본성을 이길 수 없다.

더 적게 일하고 더 많이 가지려고 하는 사람의 본성을 억제하기 위해 사회주의 및 일부 공산주의 국가는 더 강력한 정부가 들어서 야 했다. 결국 그 강력해진 공권력을 바탕으로 관료들만 상류층의 삶을 살게 되었고, 나머지 일반 국민들은 고통 속에서 평등한 삶을 살게 된다. 그럼에도 불구하고 이런 편향된 사상을 경제에 접목하 고 부동산 정책에 대입하다 보니 부작용이 발생하는 것이다. 현실 에 맞지 않는 정책들이 쏟아져 나오는 연유다.

인간의 본성이 이기적인 건 너무나 당연하다. 현대 생물학의 새 로운 지평을 연 세계적인 석학 리처드 도킨스의 『이기적 유전자』에 도 이러한 이야기가 나온다. 그는 저서를 통해 인간은 진화 과정에 서 살아남기 위해 이기적일 수밖에 없었고 그게 당연하다고 이야기 한다. 그러한 유전자 때문에 지금의 우리가 존재할 수 있는 것이고, 앞으로도 그렇게 존재할 수밖에 없다는 것이다. 따라서 인간의 욕 심과 욕망을 무작정 통제하기보다는 올바른 방향으로 이끌어주는 게 훨씬 더 경제적으로 성공할 수 있는 방법이다.

그런 면에서 과도하게 부동산을 억제하기 위해 정부가 나서는 건 지양해야 한다. 진보정권의 부동산 정책이 좋은 결과로 이어진 적이 있던가? 물론 필요할 때 적절하게 정부가 시장에 개입할 필요 도 있다. 다만 그러한 개입은 말 그대로 '필요한 경우'에만 시도되어 야 하는데, 지금의 부동산 정책은 너무 반(反)자유적이다. 이로 인한

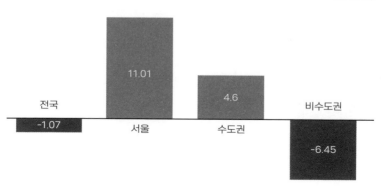

2017년 5월~2019년 10월 아파트 매매가격 변화

(단위: %)

전국 -1.07
서울 11.01
수도권 4.6
비수도권 -6.45

부작용은 온전히 서민들의 몫이 될 것이다.

실제로 온갖 규제책을 내놓아도 부동산 가격은 안정화되지 않았다. 문재인 정부가 출범한 2017년 5월부터 2019년 10월까지의 아파트 매매가격 변화를 보면 알 수 있다. 비수도권은 6.45%나 하락했지만 서울과 수도권은 오히려 상승했다. 특히 서울은 이 기간 동안 11.01% 오르며 양극화 현상만 심화시켰다. 규제 종합세트를 내놓고도 오히려 시장의 비웃음만 샀던 참여정부 시절을 떠올리지 않을 수 없다.

부자들이 입는 피해는 일반 서민들보다 훨씬 적다. 집값이 떨어진다 해도 집 1~2채 있는 서민들이 문제지, 대출 없는 다주택자들은 크게 동요하지 않는다. 현 정부의 규제책은 강남과 비강남, 서울과 비서울의 자산 격차만 더 벌렸을 뿐이다. 집 없는 서민의 중산층

진입은 더욱 어려워졌다.

물론 이러한 양상을 보고 "전 정부의 과오를 바로잡느라 아직 정책이 효과를 보지 못한 것이다." "임기는 남았다. 벌써부터 평가할 수 없다."라고 주장한다면 할 말은 없다. 다만 부자는 더 부자가 되고 가난한 사람은 더 가난해지는 게 평등하고 공평한 세상은 아닐 것이다. 정책이 잘못되었다면 솔직하게 인정하고 지금이라도 시장 친화적인 방향으로 나아가면 된다. 그게 가능할지는 좀 더 두고 봐야겠지만 말이다.

저금리로 인한 유동성도
고려해야 한다

집값이 상승한 게 전적으로 잘못된 부동산 정책 때문이라고 주장하는 건 아니다. 최근 5년간 집값이 급등한 근본적인 원인에 대해서는 다양한 시각으로 바라볼 필요가 있다. 1997년 IMF 외환위기와 2008년 글로벌 금융위기는 경제 위기라는 공통점이 있지만 처방은 서로 달랐다. IMF 외환위기 당시 IMF는 우리나라에 고금리와 대규모 구조조정을 요구했다. 강도 높은 구조조정으로 많은 기업들이 부도가 났고, 졸지에 실업자가 된 사람들도 많았다. 감내하기 힘든 고통이었지만 우리는 위기를 잘 극복했다.

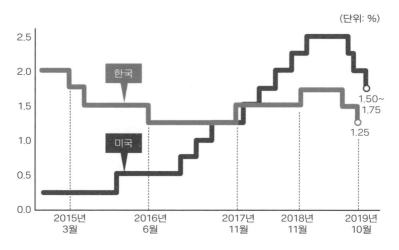

한미 기준금리 추이

(단위: %)

한국

미국

1.50~
1.75

1.25

2015년
3월

2016년
6월

2017년
11월

2018년
11월

2019년
10월

자료: 한국은행, 미국연방준비제도(Fed)

2008년 글로벌 금융위기는 어떤가? 미국이 자국 내 저소득층에게 주택담보대출을 너무 과도하게 내주면서 버블이 커졌고, 전 세계 경제가 침체되었다. 방만한 경영과 과도한 모기지 대출로 위기가 증폭되었지만 처방은 달랐다. 미국은 곧바로 저금리를 시행했고, 양적완화로 시중에 돈을 풀기 시작했다. 미국의 달러가 기축통화이기 때문에 가능한 일이었다.

기축통화국인 미국은 달러를 원하는 시점에 원하는 만큼 발행할수 있다. 1971년 8월 15일 이전만 하더라도 달러를 발행하기 위해서는 그만큼의 금을 은행에 예치해야 했다. 하지만 금과 달러의 연결고리를 끊은 순간 마치 부루마불 보드게임에서 돈을 마음껏 꺼내

쓰듯이 달러를 자유롭게 발행할 수 있게 되었다. 그렇게 풀린 달러가 세계 곳곳으로 퍼졌고 수출로 먹고사는 우리나라에도 많이 유입되었다. 그 돈들이 실물경제에 도움을 주는 생산적인 설비 투자나 연구에 이용되면 좋았겠지만 대부분은 부동산이나 주식으로 몰려 자산가치만 끌어올렸다.

우리나라뿐만 아니라 전 세계 부동산, 주식 등의 가치는 2008년 글로벌 금융위기를 기점으로 크게 달라졌다. 그러나 이후 저금리 기조를 이어가던 미국이 금리를 인상하면서 한국이 미국보다 금리가 낮은 상황이 벌어졌다. 미국이 자국 경제가 안정화 단계에 접어들었다고 판단해 양적완화를 축소하고 기준금리를 인상한 것이다. 국내 자본의 해외 유출 가능성이 증대되면서 우리나라 경제는 다시 새로운 국면에 접어들었다.

어찌되었든 2008년 글로벌 금융위기 이후에는 저금리로 돈을 빌려 부동산에 투자하기 좋은 시기였다. 물론 우리나라도 2013년까지는 부동산 가격이 오르지 않고 떨어졌다. 통화량 증가와 저금리가 효과를 발휘하기까지는 시간이 필요했다. 그래서 2010년부터 2013년까지 부동산으로 돈 버는 시대는 끝났다는 주장이 팽배해졌고, 그런 책들이 베스트셀러가 되는 우스운 상황이 벌어졌다. 부동산 투자 심리도 얼어붙어 '하우스푸어'가 사회문제로 자주 거론되고는 했다. 빚을 내서 집을 샀는데 집값이 떨어진 사람들이 방송에 나왔다.

하지만 미국의 저금리와 양적완화, 국내 경제 성장에 힘입어 결국 2014년부터 집값은 조금씩 오르기 시작했다. 당시 정책적인 부분도 한몫했다. 주택 거래가 너무 없다 보니 정부에서는 거래 활성화를 위해 대출을 많이 내줬고 집을 살 수 있도록 규제를 풀어주었다. 이때 다주택 양도소득세 중과도 해제되었고, 종합부동산세 기준도 상향되었다. 일부 미분양 아파트는 한시적으로 비과세 혜택도 적용되었다.

재밌는 점은 정부의 정책이 부동산 투자자를 애국자로 만들기도 하고, 욕심 많은 문제아로 만들기도 한다는 것이다. 실제로 IMF 외환위기 당시 미분양 아파트를 매입하는 사람들은 그 힘든 시기에 집을 샀다는 이유로 애국자 대접을 받았다. 2014년에는 정부에서 집을 사는 걸 장려했기 때문에 투기꾼 대접은 받지 않았다. 하지만 지금 다주택자는 적폐 세력으로 여겨지고 있다. 여유자금이 있어 집을 샀는데 정권에 따라 애국자가 되기도 하고 적폐 세력이 되기도 한다. 이런 양상을 보이는 나라는 우리나라가 유일하지 않을까.

물론 과도하게 50채, 100채, 200채씩 집을 사는 건 문제라고 본다. 그러다 자금 유통에 문제가 생기면 세입자에게 리스크를 전가해버리는 나쁜 투기도 문제다. 하지만 대다수 사람들은 여유자금을 통해 리스크를 본인이 떠안고 투자를 한다. 자유주의 국가에서 그러한 투자까지 적폐로 몰아버리는 게 맞을까? 정부가 사람의 욕망, 즉 좋은 곳에서 살고 싶고 좋은 집에서 살고 싶은 욕망까지 어떻게

다 막을 수 있을까?

정리하면 최근까지 집값이 상승한 주요 원인은 2008년 글로벌 금융위기 이후 벌어진 미국의 양적완화와 저금리 기조에 있다. 여기에 국내 수출 증가, 새 집에 대한 사람들의 수요, 과거 정책의 도움, 현재 정권의 규제 부작용 등 다각적인 원인이 집값을 끌어올렸다. 그중에서 가장 안타까운 건 집값을 잡겠다는 현 정부의 정책이 오히려 집값 상승을 부추기고 있다는 사실이다. 정책 기조가 달라지지 않는 한 앞으로도 집값 상승을 막기는 어려워 보인다.

2018년에 목도한
투자 기회들

미래가치가 충분한 지역을 잘 고른다면 적은 투자자금으로도 큰 수익을 얻을 수 있다. 부동산 시장에 대한 전망이 중요한 연유다.

　　이번 장에서는 필자가 부동산 시장의 흐름을 읽고, 실제로 투자를 해서 성공한 사례를 이야기해보려 한다. 2017년에 이어 2018년에도 서울과 수도권 일부 집값이 많이 올랐다. 특히 그해 6월 이후부터 가격이 급등한 지역이 많았다. 필자는 부동산 투자자로서 좋은 부동산 투자 기회를 1년에 몇 번씩 발견하고는 한다. 그중 몇 개는 실제로 직접 투자를 해서 성공했고, 몇 개는 기회라고 생각했지만 자금이 충분하지 않아 포기했다.

　　필자라고 좋은 기회에 매번 뛰어들 수 있는 건 아니다. 수익도 중요하지만 자금 운용에 따른 리스크 관리도 중요하기 때문이다.

자금 운용 시 리스크를 항상 염두에 두고 투자해왔기 때문에 지금까지 큰 실패 없이 부동산 투자를 해올 수 있었다고 생각한다. 물론 좀 더 공격적으로 투자했다면 지금보다 훨씬 많은 자산을 보유했을 수도 있겠지만, 수익보다 '잃지 않는 투자'를 선호하기 때문에 이런 투자 철학을 계속 유지하려 한다.

잃지 않는
투자의 조건

필자가 전망에 민감한 이유도 '잃지 않는 투자'를 지향하기 때문이다. 부동산 시장이 어떻게 돌아가고, 어떤 투자 트렌드가 도래할지 미리 알고 움직이지 않는다면 그저 결과를 운에 맡기는 주먹구구식 투자에 불과하다.

자금 운용에 따른 리스크 관리 때문에 매번 좋은 기회를 다 잡을 수는 없었지만 다행히 그 정보를 공유해 좋은 사람들에게 컨설팅해줄 수 있었다. 2018년 5~6월 서울 아파트 가격은 앞선 1~4월보다 상승폭은 적었지만 약간씩 오르고 있는 상태였다. 하지만 필자는 서울 부동산 가격이 향후 더 오를 수 있다고 확신했다. 새 아파트 혹은 준공 10년 이내 아파트에 대한 수요는 갈수록 늘어나고 있는데 공급이 턱없이 부족하기 때문이다. 추가 재개발·재건축을 통한 공급이 없어 가격이 더 오를 것이라고 예측했다.

필자가 서울 부동산 시장을 특히 더 낙관적으로 보는 이유는 생애주기상 교체가 필요한 주택 규모가 가장 큰 곳이 서울시이기 때문이다. 자료에 따르면 우리나라 전체 가구 중 노후화가 심화되어 교체가 필요한 가구는 2020년까지 매년 약 39만 호에 달한다. 그 중 서울의 평균 필요 주택 수는 매년 약 8만 4천 호로 그 규모가 가장 크다. 또 국토교통부는 전체 세대수의 몇 %가 신규 주택으로 공급되는가를 알려주는 자료를 발표했는데, 2011~2014년 부동산 조정기에는 이 수치가 1.9%였다. 집값이 다시 오른 2015년 이후로는 2.1~2.4%를 유지하고 있지만, 여전히 턱없이 부족하다는 걸 알 수 있다.

또한 2018년 6월 이후 양도소득세 중과와 주택임대사업자 등록 이슈로 시장에 매물이 사라지는 잠김 현상이 나타날 것이라고 생각했다. 시장에 사려는 사람은 많은데 공급이 없으면 가격은 올라가는 게 순리다. 인위적이고 잘못된 정책으로 부동산 매매를 누르다 보면 시장이 용수철처럼 튀어 가격이 급등하거나, 풍선효과로 규제가 덜한 지역의 부동산 가격이 오르기 마련이다.

잃지 않는 투자의 조건은 부동산 시장의 현 상황과 이에 따른 시장 참가자들의 심리를 미리 읽어 대응하는 것이다. 필자는 여러 근거로 충분히 부동산 가격이 이례적으로 오를 수 있다고 판단했다. 다만 시장이 급등해도 부동산 가격이 상대적으로 덜 올랐던 지역에

생애주기상 교체가 필요한 주택 규모(2011~2020년 기준)

(단위: 만 호)

	평균 필요 주택 수	상한 (노후년 1년)	하한 (노후년 35년)
전국	39.27	44.99	33.56
서울시	8.40	9.86	6.94
부산광역시	3.86	4.41	3.31
대구광역시	1.87	2.18	1.56
인천광역시	1.75	2.07	1.42
광주광역시	1.07	1.24	0.90
대전광역시	0.93	1.09	0.78
울산광역시	0.69	0.80	0.58
경기도	5.44	6.46	4.43
강원도	1.54	1.72	1.36
충청북도	1.26	1.43	1.10
충청남도	1.82	2.00	1.65
전라북도	1.80	1.98	1.62
전라남도	2.47	2.67	2.27
경상북도	2.89	3.18	2.60
경상남도	2.92	3.27	2.57
제주도	0.56	0.63	0.50

자료: 한국감정원

투자해야 리스크를 줄일 수 있고, 혹시 예측이 잘못되어 부동산 가격이 오르지 않는다 하더라도 오랫동안 버틸 수 있다. 따라서 저평가된 부동산 중 미래가치가 높은 부동산을 찾는 게 잃지 않는 투자의 가장 중요한 조건이다.

길 따라
돈이 흐른다

'말이야 쉽지, 어떻게 그런 물건을 찾아야 하지?'라는 생각도 들고 아직 감이 잘 오지 않을 것이다. 필자가 실제 투자했던 사례를 보면 좀 더 이해하기 쉬워질 것이다. 2018년 7월 회원제 공인중개사무소를 오픈하자, 많은 분들이 상담 예약을 했다. 그동안 블로그, 책, 유튜브 등을 통해 정보를 얻었던 분들이 필자가 사무실을 오픈하자 직접 찾아와 상담을 요청했다.

그들을 위해 필자도 새로운 투자처를 찾아야 했다. 가급적 소액으로 접근해야 리스크가 적었기 때문에 소액 투자 물건을 찾기 시작했다. 그러던 중 신분당선 서북부연장선 발표가 났다. 물론 현재 신분당선 서북부연장선은 예비타당성 조사 결과 사업성이 부족한 것으로 판단되어 개발 여부가 불투명하다. 하지만 향후 3기 신도시 창릉과 맞물려 개발되면 큰 시너지 효과가 기대되기 때문에 연장 가능성은 충분하다고 본다.

이 노선은 신분당선을 이어 서울 은평뉴타운을 거쳐 고양 삼송까지 연결하는 노선으로, 용산과 고양 삼송을 잇는 약 18km 길이의 노선이다. 이 발표가 나오자 필자는 예정 노선을 유심히 보았다. 여러분은 이 노선 중 어디가 가장 투자하기 유망해 보이는가?

노선 중에 눈에 가장 띄는 곳은 은평뉴타운이었다. 은평뉴타운은 시범뉴타운 지역으로 뉴타운 지역 중 가장 먼저 개발되었다. 주변이 산과 어우러져 실제로 가보면 굉장히 쾌적하고 공기도 맑다. 무엇보다 아파트에서 바라보는 산 전경이 참 좋다. 그런데 일부 역세권 단지들을 제외하면 아파트 가격은 그렇게 많이 오른 상태가 아니었다.

2018년 7월 당시 전용면적 59m² 아파트는 5억 원, 전용면적 84m² 아파트는 6억 원이면 매입이 가능했다. 살기 쾌적하고 좋은데 집값이 크게 오르지 않은 이유는 교통이 많이 불편해서다. 3호선 구파발역 인근 아파트는 그래도 시세가 올랐지만 역세권이 아닌 곳의 아파트는 서울 시내임에도 불구하고 비교적 저렴했다. 다른 곳과 비교하면 평균 1억 원에서 1억 5천만 원 정도 저렴하다고 판단되었다.

혹시라도 신분당선 서북부연장이 안 된다 하더라도 GTX(수도권 외곽에서 서울 도심의 주요 거점을 연결하는 수도권 광역급행철도) A노선이 연신내역으로 지나가기 때문에 호재도 있다고 판단했다(구파발역에서 연신내역까지 오면 GTX로 갈아탈 수 있다). 그래서 회원들에게 강력하게 매입을 권했다.

앞에서도 이야기했지만 저평가된 지역 중 미래가치가 커질 수

GTX 예정 노선

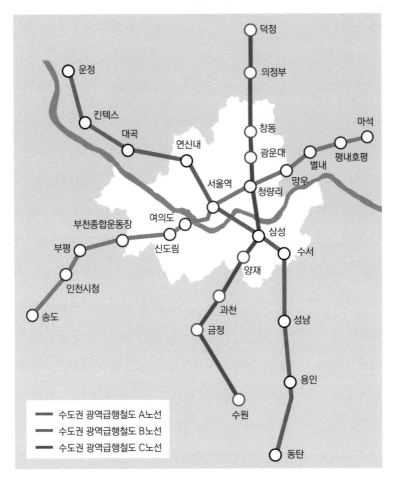

자료: 경기도청

있는 지역에 투자해야 수익률을 극대화할 수 있다. 은평뉴타운은
당시 가격이 상대적으로 저렴했고, GTX A노선과 신분당선 서북부
연장선으로 약점이었던 교통까지 획기적으로 좋아질 여지가 있었

다. 부동산의 가치를 판단하는 가장 중요한 요소는 바로 '길'이다. 길 따라 돈이 흐르게 되어 있는데, 이 부분에서 큰 호재가 있으니 충분히 가치 상승이 가능하다고 판단했다.

그리고 그 예상은 불과 두 달 만에 현실이 되었다. 그해 7월에 매입을 권하고 8~9월에 잔금을 치르게 했는데, 계약 후 잔금을 치르는 동안 그 지역 아파트의 가격이 1억 원 정도 오른 것이다. 심지어 집값이 너무 오르니 매도자가 상당히 짜증을 내고 비협조적으로 나오기도 했다. 입장을 바꿔놓고 생각해보면 집을 팔았더니 두 달 만에 1억 원 이상 올라 짜증이 날 만했다.

지금 전용면적 59m²의 시세가 6억 5천만~7억 원, 전용면적 84m²의 시세가 7억 5천만~8억 원 정도 되니 약 1억 5천만 원에서 2억 원 정도 가격이 오른 것이다. 당시 은평뉴타운은 전세를 끼면 투자자금 1억 5천만 원만 있으면 투자가 가능했다. 1억 5천만 원 투자로 1년 만에 100%에 달하는 수익률을 기록한 것이다.

미분양 아파트에서
답을 찾다

종잣돈이 적을 경우 수도권 쪽 신규 분양단지에 투자하는 것이 유망해 보였다. 서울은 분양권 전매 제한으로 입주 때까지 분양권 거래가 막힌 상태였다. 당연히 법이 개정되기 전에 나온 분양권 전매가 가능한 서울 시내 아파트의 가격은 크게 올랐다. 서울은 분양권 거래가 금지되었지만 수도권 지역 중 비조정대상지역은 분양권 거래가 여전히 가능했다.

필자는 분양권 거래가 가능한 지역, 그중에서도 분양권 프리미엄이 적은 단지들을 눈여겨보았다. 그중 가장 유망해 보이는 곳은 운정힐스테이트였다. 운정힐스테이트 전용면적 59m²는 당시 분양가가 2억 7천만 원 정도였는데, 프리미엄이 2천만~3천만 원 정도 붙은 저가 매물이 있었다. 즉 프리미엄 3천만 원을 더 주더라도 전용면적 59m² 아파트를 3억 원이면 살 수 있었다.

초기 투자자금도 얼마 들지 않았다. 중도금이 무이자이기 때문에 계약금과 프리미엄, 즉 5천만~6천만 원 정도의 자금만 있어도 명의변경이 가능했다. 입주 때 전세 2억 원을 놓으면 총 매매가격 3억 원 중 2억 원이 충당되니, 투자자금 1억 원만 있으면 전세를 끼고 전용면적 59m² 아파트를 살 수 있었다.

운정힐스테이트는 무엇보다 운정신도시에 공급하는 새 브랜드 아파트였고, 향후 GTX A노선의 수혜를 얻을 수 있는 입지에 위치해 있었다. 또한 프리미엄이 인근 단지인 운정푸르지오보다 적게 붙어 있었는데, 어차피 입주가 마무리되면 운정푸르지오와 프리미엄에서 큰 차이가 나지 않을 것이라고 판단했다. 물론 예상은 적중했다.

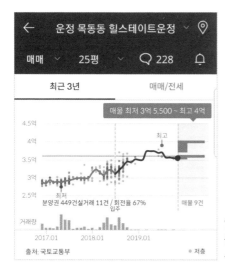

'호갱노노' 애플리케이션으로 살펴본 운정힐스테이트 전용면적 59m²의 시세 추이

2019년 말 기준 운정힐스테이트 전용면적 59m²의 매매가격은 약 4억 원 정도로 1억 원이 올랐다. 1억 원으로 투자 시 수익률은 1년 만에 100%에 달한다. 은평뉴타운과 운정힐스테이트를 같이 샀다면 꽤 큰돈을 벌었을 것이다. 특히 운정힐스테이트는 비조정대상지역이기 때문에 양도소득세 중과에도 해당되지 않았다. 따라서 다주택자들도 투자가 가능했다.

1억 원 미만 혹은 5천만 원 미만으로도 투자 가능한 물건이 있었다. 심지어 3천만 원으로도 아파트 투자가 가능했다. 당시 김포 한강신도시에는 분양가가 저렴했음에도 불구하고 미분양단지들이 조금 있었다. 입주가 완료된 시점에는 1억~1억 5천만 원씩 오른 단지들이 당시에는 의외로 미분양 상태였다.

운양동에 있는 반도유보라2차 전용면적 59m²의 분양가는 2억 5천만 원이었다. 미분양이었지만 2019년 말 기준으로 분양가보다 1억 3천만 원이 더 올랐다. 특히 김포 한강신도시는 지방에 있는 아파트보다 가격이 더 저렴했다. 청주·대구·대전에서 신규로 분양하는 아파트보다 저렴해서 전용면적 84m²를 거의 3억 원 내외로 살 수 있었다.

그 이유는 지하철이 없어서 교통이 불편하고 그동안 입주된 물량이 많았기 때문이다. 하지만 2019년 9월 김포 도시철도가 개통되면서 교통 여건이 크게 좋아졌고, 무엇보다 김포 한강신도시의 인프라가 거의 완성 단계에 접어들면서 더 이상 공급이 늘어나지 않았다. 신도시는 보통 공급이 끝나고 입주가 마무리되면 그때부터 아파트 가격이 오른다. 따라서 그 타이밍을 잘 잡으면 성공적인 부동산 투자가 가능하다.

미분양된 아파트는 일단 분양가가 저렴하다는 메리트도 있었지만 중도금 무이자라는 혜택도 무시할 수 없다. 서울의 경우 아파트 분양을 받으면 중도금에 대한 이자를 후불로, 즉 입주할 때 내야 한다. 이를 무시할 수 없는 이유는 분양가가 8억 원 내외라면 중도금 이자만 2천만~3천만 원가량 나오기 때문이다. 그래서 중도금에 대한 이자를 내지 않게 되면 훨씬 유리하다. 아파트가 완공되어 입주할 때까지 추가로 돈이 들어갈 필요가 없는 것이다.

계약금 10%만 있으면 아파트 1채를 살 수 있게 된다. 물론 2년 후 아파트가 완공되면 잔금을 치러야 하지만 그 시간까지 돈을 모을 수 있어 자금 운용이 수월하고, 아파트가 완공된 후 전세를 주면 투자자금이 적게 들어간다.

예를 들어 분양가가 3억 5천만 원인 전용면적 84m²의 미분양 아파트는 분양가의 10%인 3,500만 원의 자금으로도 분양받을 수 있다. 중도금은 무이자 대출이 나오기 때문에 아파트가 완공되는 시점까지 추가로 돈이 들어가지 않는다. 또 아주 드물지만 완공 후 전셋값이 매매가격에 육박해 실제 투자자금이 하나도 들어가지 않는 경우도 있다. 어쨌든 초기 투자자금인 계약금의 10%만 있으면 새 아파트를 살 수 있는 것이다.

미분양 아파트는 청약통장을 쓸 필요도 없다. 9·13 대책 전에 산 미분양 아파트는 청약 시 주택 수에 포함되지 않기 때문에 소유권 이전 등기 전까지 무주택 자격을 유지할 수 있다. 하지만 9·13 대책 이후에는 미분양 아파트도 청약 시 주택 수에 포함되니 주의해야 한다.

그렇게 매입한 김포 한강신도시 미분양 아파트의 경우 가격이 많이 오른 단지는 5천만 원까지 프리미엄이 붙었다. 물론 최근 정부의 3기 신도시 발표로 거래가 뜸해졌지만, 1년 후 완공이 되고 입주가 완료되면 가격은 더 오를 것이라고 판단된다. 그동안 저평가된 이유였던 교통 문제가 김포 도시철도, 김포 한강선(예정)으로 크게 개선되면서 다른 지방보다 가격이 저렴할 이유가 사라졌다. 특히 김포 도시철도, 김포 한강선(예정)으로 인해 마곡지구와 직접적으로 연결되기 때문에 향후 마곡지구의 기업들이 모두 입주하면 인구 유입도 충분히 늘어날 것으로 보인다.

이처럼 미래가치가 충분한 지역을 잘 고른다면 적은 투자자금으로도 큰 수익을 얻을 수 있다. 투자금 대비 수익률만 놓고 보면 오히려 서울 핵심 지역보다 더 높은 사례도 있다. 부동산 시장에 대한 전망이 중요한 연유다.

새로운 부동산 투자 트렌드에 주목하라

시장 전망과는 무관하게 저평가된 부동산은 언제든 찾을 수 있다.
저평가된 물건은 시간이 흐르면 자연스럽게 가격이 오른다.

'2018년에 목도한 투자 기회들'을 통해 과거 필자가 찾았던 투자 기회들을 살펴보았다. 아마 부동산을 전혀 모르는 독자가 본다면 믿지 못할 이야기라고 생각할 수 있다. 필자도 월급쟁이 생활을 해봤기에 5천만 원, 1억 원 모으기가 얼마나 힘든지 잘 안다. 이런 이야기가 자칫 사행성을 조장하는 것처럼 보일 수 있고 사기꾼의 이야기로 치부될 수 있다는 것도 잘 안다.

실제로 필자도 그랬다. 부동산 투자를 하기 전에는 성공한 사람들의 책을 보면서 그들의 이야기를 잘 믿지 않았다. 아니면 그저 그들이 운이 좋았다고만 생각했다. 믿지 않아도 좋다. 필자의 주장이

나 전망을 얼마든지 비판적인 시각으로 바라보아도 좋다. 필자가 내세우는 근거가 빈약하게 느껴질 수도 있고, 더 풍부한 지식과 이론을 바탕으로 반론을 제기할 수도 있다. 필자가 강하게 비판한 진보정권의 인사들도 학벌과 지식만 놓고 보면 소위 엘리트 계층이 아닌가?

하지만 15년 넘게 부동산 투자를 해보니 명확한 근거와 전망을 바탕으로 부동산 투자를 하면 돈을 벌기가 그렇게 어렵지 않다는 걸 깨달았다. 투자 사례로 든 물건들 외에도 많은 기회를 목도했고, 그중 몇몇은 직접 투자에 뛰어들어 수익을 얻었다. 덕분에 현재 경제적으로 여유 있을 정도의 자산을 가지고 있다. 2004년부터 지금까지 매년 2~3건, 어떨 때는 5~6건의 투자 기회를 발견해왔다. 필자의 경험을 믿거나 안 믿거나 자유지만 이왕 이 책을 펼쳤으니 아주 약간의 인사이트라도 얻어가길 바란다.

앞으로의
투자 트렌드

지금까지 대한민국 부동산의 현주소를 짚어보았다. 그렇다면 앞으로의 투자 트렌드는 어떻게 움직일까? 4장 '부동산 시장의 미래와 투자 전망'을 통해 소형과 대형, 신축과 구축, 지식산업센터, 오

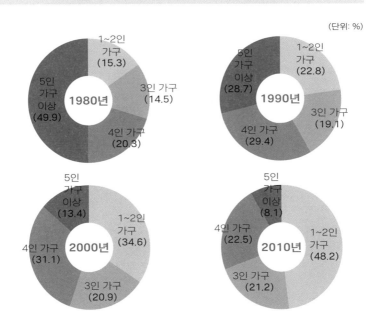

전체 가구에서 가구원 수별 비중 변화

(단위: %)

1980년
1~2인 가구 (15.3)
3인 가구 (14.5)
4인 가구 (20.3)
5인 가구 이상 (49.9)

1990년
5인 가구 이상 (28.7)
1~2인 가구 (22.8)
3인 가구 (19.1)
4인 가구 (29.4)

2000년
5인 가구 이상 (13.4)
1~2인 가구 (34.6)
3인 가구 (20.9)
4인 가구 (31.1)

2010년
5인 가구 이상 (8.1)
1~2인 가구 (48.2)
3인 가구 (21.2)
4인 가구 (22.5)

피스텔 등 다양한 물건들을 자세히 다루겠지만, 이번 장에서는 '소형 주택'의 유망함에 대해 간략히 설명해보려 한다. 앞으로의 투자 트렌드는 소형 주택이 그 중심이 될 것이다.

중장년층의 유배우율(배우자가 있는 비율)은 1995년 77.6%에서 2010년 66.6%로 지속적으로 감소하고 있다. 이것이 의미하는 바는 무엇일까? 비혼과 이혼, 사별 등으로 세대 분화가 활발히 이루어지면서 소비력이 있는 중장년층의 1인 가구 증가율이 청년층의 1인 가구 증가율보다 훨씬 높아졌다. 지금의 청년층 역시 훗날 중장년층이 되면 지금 세대보다 유배우율이 더 낮아질 가능성이 높다. 따라서 수요층이 넓고 거주하기 좋은 소형 주택이 거래도 더 활발하게 이루어질 것이다.

아파트도 마찬가지다. 전용면적 60m² 미만의 소형 아파트 시세가 요즘 많이 올랐고, 앞으로 더 오르리라고 본다. 소형 아파트의 인기로 공급 과잉을 우려하는 시선도 있지만 걱정할 필요는 없다. 주택 사업자들은 전용면적 85m² 미만의 중소형 아파트를 집중적으로 짓고 있다. 그중 65% 이상이 전용면적 60~85m²이며, 전용면적 60m² 미만은 35% 이하로 공급되었다.

중장년층뿐만 아니라 노년층의 부동산 다운사이징(효율과 실속을 위해 더 작은 집으로 옮기는 것)은 이제 특별한 현상이 아니다. 이는 소형 수익형 부동산의 수요를 보면 알 수 있다. 전통적인 대형 부동산에 대한 선호는 이전보다 약화되고 있다. 소형 주택에 주목해야 하는 이유다.

물론 투자 트렌드는 계속 변할 수 있다. 지역에 따라, 그리고 지역 안에서도 개별 입지에 따라서 변할 수 있다. 시장 상황에 따라 부동산 투자 시기가 그렇게 중요하지 않을 때도 있다. 대형이든 소형이든 중요한 건 늘 부동산 시장과 가까이하며 미래가치를 내다보기 위해 애쓰는 것이다.

주식에서도 대세 상승장임에도 불구하고 돈을 잃는 사람들이 있고 폭락장에서도 돈을 버는 사람들이 있듯이, 시장 전망과는 무관하게 저평가된 부동산을 이용해서 수익을 올릴 수 있다. 저평가된 물건은 시기와 상관없이 시간이 흐르면 자연스럽게 가격이 오른다.

워런 버핏의 투자도 아마 이런 방식일 것이다. 전체적인 시장 분위기에 휩쓸리지 않고 저평가된 주식을 사서 오랫동안 기다리면 그 주식의 진정한 가치를 얻을 수 있듯이, 부동산도 저평가된 부동산을 찾아내는 안목만 있다면 시장 상황과 상관없이 큰돈을 벌 수 있다. 앞에서도 말했듯이 물론 좀 더 과감하게 투자했다면 지금보다 훨씬 많은 자산을 갖게 되었을 것이다. 하지만 과거의 교훈을 통해 항상 예기치 못한 상황에 경제 위기가 닥칠 수 있다고 생각하기 때문에 늘 리스크 관리를 염두에 두고 자금을 운용했다. 적게 벌더라도 절대로 잃지 않는 투자를 하는 게 필자의 목표이며, 그 길이 단기간에 큰 리스크를 떠안고 투자하는 것보다 더 현명하다고 생각한다.

부동산 투자는
시간과의 싸움이다

필자의 부모님은 단독주택과 다세대주택을 기획하고 공사 과정과 계약, 입주까지 관리하는 시행사를 운영하셨다. 사업이 잘 돌아갈 때도 있었지만 1997년 IMF 외환위기 때는 상당히 어려운 시기를 보냈다. 그 리스크를 어린 나이에 직접 체감했기 때문에 어떤 경우에도 잃지 않는 투자, 즉 수익보다 리스크 관리에 신경 쓰는 투자를 해왔다. 그리고 소위 잘나가고 유명한 투자 고수들이 2008년 글로벌 금융위기 때 무리한 투자로 큰 손해를 보는 걸 목격하면서 그러한 생각이 더 공고해졌다.

부동산 투자는 시간과의 싸움이라고 해도 과언이 아니다. 경제위기가 온다고 하더라도 그 시기만 슬기롭게 잘 버티면 다시 기회가 온다. 하지만 높은 레버리지를 바탕으로 매번 리스크를 높여 투자하다 보면 예기치 못한 불황이 왔을 때 큰 손해를 입어 다시 일어설 수 없을지 모른다. 그 상처는 고스란히 자신과 가족에게 전해질 것이다. 그렇기 때문에 필자는 앞으로도 계속 안전하게 투자를 할 생각이다. 그리고 독자 분들도 부디 그러한 자세로 부동산 투자에 임하기 바란다. 투자 트렌드를 잘 좇는 것도 중요하지만 오랫동안 건강한 투자를 하는 게 훨씬 더 중요하다.

'오마하의 현인' 워런 버핏도 연간 수익률이 다른 투자자들보다 높은 편은 아니다. 하지만 오랫동안 큰 실패 없이 투자를 이어왔기 때문에 그를 '투자의 귀재'라 부르는 것이다. 단기 수익률에 일희일비하지 말고 장기적으로 수익률을 높이는 현명한 투자를 하기 바란다. 기회는 얼마든지 있다. 투자 트렌드가 어떻게 변하는지 관심을 기울이고, 약간의 용기와 투자자금만 있으면 투자할 곳은 정말 많다. 틈새시장을 잘 노리면 소액으로도 얼마든지 성공적인 부동산 투자가 가능하다.

　매년 좋은 투자처를 발굴했고 앞으로도 발굴할 수 있다고 확신한다. 필자뿐만 아니라 여러분도 충분히 할 수 있는 일이다. 중요한 건 지나치게 욕심을 내지 않는 것이다. 지나친 욕심은 오히려 독이 될 수 있고, 이는 투자자 입장에서 가장 경계해야 할 부분이다. 이제 본격적으로 앞으로 다가올 부동산 시장의 미래를 통찰하고, 어떻게 투자해야 할지 알아보자.

부정쩍인 생각을 버리고
용기를 내짜

4남매의 어머니 C의
투자 후기

상담을 하다 보면 정말 다양한 사람들을 많이 만나게 된다. 비록 필자에게 조언을 받으러 오는 입장이지만 각자 일하고 있는 영역에서는 최고의 자리에 계시기도 하고, 인생의 선배로서 큰 가르침을 주시는 경우도 있다. 그 덕분에 다양한 산업군에 대한 이해가 커지고 폭넓은 시각을 가질 수 있게 되었다. 운 좋게도 대체로 그분들의 부동산 투자도 잘 풀려 돈독한 관계를 유지하고 있다.

그중 유독 기억에 남는 한 사람이 있다. 지인의 소개로 상담을 받으러 온 C였는데, 그녀는 개인 사정으로 홀로 4남매를 키우고 있었다. 현재 부천에서 전세 7천만 원짜리 집에 거주 중이었고, 다른 재산은 없었다. 다행히 3명의 자녀는 모두 성인이 되어 일을 하고 있었지만 막내가 12세라 아직 손이 많이 가는 시기였다.

C가 기억에 남는 이유는 소개로 상담을 받으러 오는 분이 거의 없어서 그렇다. 아무래도 투자가 잘못되면 서로 관계가 불편해질 수 있기 때문이다. 그래서 대부분 블로그, 책, 유튜브를 통해 연락을 주시고는 하는데, C는 지인의 소개로 온 몇 안 되는 고객이었다.

"가진 것도 없는데 상담을 받을 수 있을까요?" 상담을 받기 전 그녀는 우리 직원에게 이렇게 이야기했다고 한다. 그녀는 7천만 원의 투자자금으로 괜찮은 물건에 투자할 수 있는지 조심스레 물었다. "글쎄요. 찾아보겠습니다." 말은 그렇게 하고 돌려보냈지만 쉽게 답이 떠오르지 않았다.

일단 대출을 너무 많이 받아서 집을 사는 건 옳은 방법이 아니라고 생각했다. 리스크를 키우면 수익률이야 얼마든지 높일 수 있지만 그건 필자의 투자 철학과는 동떨어진 방법이었다. 그렇다고 투자성이 없는 다세대주택을 추천하고 싶지는 않았다. 그러다 고민 끝에 최근 완공된 오피스텔이 생각났다. 1억 6천만 원의 투룸 오피스텔이었다.

"좁아서 사시는 건 불편하겠지만 입지가 좋아 투자성이 있습니다. 무엇보다 대출을 크게 받지 않아도 괜찮아서 부담이 없으실 것 같아요." 하고 말씀드렸지만 가슴 깊숙이 아쉬움은 있었다. '조금만 여윳돈이 더 있으면 아파트를 분양받을 수 있을 텐데.'

오피스텔을 둘러볼 때 같이 동행한 12세 막내 딸아이가 오피스텔이 너무 좋은데 좁은 것 같다고 이야기하자, 왠지 필자의 가슴이 다 먹먹했다. C는 투자할지 좀 더 고민해보겠다고 했다. 헤어지고 차를 타고 가는 내내 '다른 좋은 방법이 없을까?' 계속 고민했다. 그러다 상담 때 지방에서 일하고 있는 C의 큰딸이 5천만 원을 모았는데 어디에 투자하면 좋겠냐고 물어보셨던 것이 떠올랐다. '5천만 원을 합치면 1억 2천만 원이니 일단 지금 미분양된 아파트에 들어가실 수 있겠구나.' 분양받고 2년 후 입주할 수 있으니 그동안 잔금을 열심히 모으면 되었다.

당시 선택한 미분양 아파트의 분양가는 3억 3천만 원으로, 계약금 3,300만 원만 내면 중도금 무이자 혜택을 받을 수 있었다. 2년 후 입주 때 주택담보대출 60%를 받으면 충분히 가능한 투자였다. 필자는 서둘러 미분양 아파트를 사는 게 어떤지 전화로 물었다. C는 "큰딸만 동의하면 가능하겠네요."라고 했다. 미분양 물건이 거의 소진되고 있어 빨리 모델하우스에 가야 했다. 곧바로 서울 근교에 위치한 미분양 아파트의 모델하우스로 차의 방향을 틀었다. 그곳에서 그녀와 다시 만났다.

C와 그녀의 딸은 모델하우스 내부를 보고 아주 마음에 들어 했

다. 본인을 포함해 성인이 된 세 자녀가 2년 동안 각각 2천만 원씩만 저축하면 충분히 잔금도 치를 수 있을 것 같다고 말했다. 연신 기뻐하며 모델하우스를 둘러보는 그녀와 딸을 보며, 그녀를 소개해준 지인이 "친한 친구인데 노후가 걱정되어서요. 그래서 대표님을 소개해줬어요." 하고 상황을 설명해주었다. 친구가 기뻐하는 모습을 보니 본인도 좋다고 했다. 눈에는 눈물이 고여 있었다.

C에게 필자를 소개해준 지인의 진심을 느낄 수 있었다. 그만큼 C를 아꼈던 것이다. C 역시 지인을 믿었기에 선뜻 필자를 만나러 왔을 것이다. 2년 후 C가 무사히 입주해야 이 이야기가 해피엔딩으로 끝나겠지만, 그 씨앗을 뿌리게 도와준 건 온전히 소개해주신 분의 진심 덕분이었다. 그 선한 진심이 꽃피울 수 있도록 이 이야기가 꼭 해피엔딩이 되었으면 좋겠다.

그럼 필자가 이 아파트를 선택한 이유는 무엇일까? 사실 이 아파트는 6개월 전부터 미분양된 물건으로, 비교적 분양가가 저렴했지만 건설사의 이미지가 나빴다. 건설사의 마케팅도 부족했다. 그래서 입지 조건 자체는 나쁘지 않았지만 빛을 보기 위해서는 약간의 시간이 필요해 보였다.

미분양 아파트가 무조건 투자할 가치가 없는 건 아니다. 과거 위례신도시도 분양가 4억 원대의 미분양이 있었고, 마곡지구도 분양가 4억 원대의 미분양이 있었다. 하다못해 강남의 대장 아파트로 잘 알려진 반포래미안도 2008년 당시에는 미분양이었다. 미분양도 미래가치가 뛰어나다면 충분히 투자할 가치가 있다. 그래서 필자도 이 미분양단지를 상당히 예의 주시하고 있었다.

그리고 드디어 때가 왔다. 서울의 아파트 가격이 2018년 6월 말부터 급등하자 수도권 일대의 집값이 슬금슬금 함께 오르기 시작한 것이다. 주변 아파트들의 매물이 빠지면서 해당 미분양 아파트의 가격 역시 슬금슬금 오르기 시작했다. 하지만 분양 아파트는 이미 분양가가 책정되어 있기 때문에 수급에 의해 가격이 움직이지 않는다. 주변 집값이 오른다고 가격을 올리지 못하는 것이다.

다 좋았지만 문제는 자금이었다. 아무리 투자 기회가 있어도 자금이 없는데 억지로 부동산을 살 수는 없다. 7천만 원으로 이 아파트를 분양받는 게 다소 무리가 있어 보였다. 그래서 부득이하게 자녀와 같이 힘을 모아 집을 사보자는 의견을 드렸다. 고육지책을 낸 것이다. 최대한 싸게 분양받기 위해 저층을 권유했다. 1층의 분양가는 5층 이상보다 3천만 원이나 저렴했다. 우선 잔금을 치르고 소유권 이전을 무리 없이 하는 게 더 나아 보였다.

물론 로열동, 로열층의 여부도 중요하다. 하지만 자금이 충분하지 않은 상태에서는 잔금을 무사히 치르는 게 더 중요하기 때문에 분양가가 저렴한 저층으로 매입하는 것도 나쁜 전략은 아니다. 미래가치가 충분하다면 우선은 매입을 하는 게 중요하다. 그렇게 마련한 첫 주택은 2018년 말 기준으로 완판되었고, 주변 시세는 불과 몇 개월 만에 1억 원 이상 올랐다. 전매 제한으로 당장 매도할 수는 없지만 내년 봄에는 최소 5천만 원 이상의 수익을 얻을 것으로 보인다. 평생 모은 돈은 7천만 원이지만 불과 몇 개월 만에 비슷한 금액의 수익을 낸 것이다. 어쩌면 이 글을 보고 부동산 투기를 조장한다며 불쾌하게 생각하는 분들이 있을 수도 있다. 만약 그랬다면 부디 마음을 달리 먹기 바란다.

모든 부동산 투자가 성공으로 이어지는 건 아니다. 그런 거짓말을 할 생각은 없다. 투자에는 운도 따라야 한다. C 역시 어쨌든 본인의 운으로 좋은 결과를 얻었다. 하지만 결국 운도 노력이 필요하다. 감나무 밑에서 입을 벌린다고 감이 저절로 떨어지지 않는다. 나무를 흔들려는 노력을 해야 감도 떨어지는 법이다. 리스크가 무섭고, 부동산 투자가 나쁜 투기로 보인다면 예적금으로만 노후를 준비하는 수밖에 없다. 하지만 과연 그렇게 해서 돈을 벌 수 있을까? 부디 부정적인 생각을 버리고 용기를 내기 바란다.

4장

부동산 시장의
미래와 투자 전망

소형 vs. 대형,
무엇이 인기가 많을까?

입지와 상황에 따라 대형을 선호하는 지역이 있을 수는 있으나, 전반적으로 소형을 선호하는 트렌드는 앞으로도 계속 이어질 것이다.

　성공적인 부동산 투자를 위해서는 대한민국 부동산의 미래를 전망해 유망한 투자 트렌드를 미리 파악해야 한다. 바뀐 투자 트렌드에 적응하지 못한 채 과거에 유효했던 투자 방식을 그대로 따르다가 실패하는 사례가 많기 때문이다. 앞서 3장 '새로운 부동산 투자 트렌드에 주목하라'에서 이야기했듯이 앞으로는 대형이 아닌 소형에 주목해야 할 것이다.

　2008년 글로벌 금융위기 전까지만 하더라도 소형보다는 대형이 훨씬 인기가 많았다. 그리고 소형보다 대형의 가격 상승폭이 더 크다고 생각했다. 그때는 돈이 좀 들더라도 이왕이면 대형에 투자

하는 게 공식처럼 여겨졌고, 또 그게 통용되던 시절이었다. 하지만 2008년 이후로 대형 아파트보다는 소형 아파트가 훨씬 더 많이 올랐고, 매매도 잘되고 있다.

소형으로 바뀐
투자 트렌드

만약 2008년 당시 변화하는 투자 트렌드를 읽지 못하고 대형을 선택했다면 10여 년이 지난 지금까지도 고생하고 있을 확률이 높다. 2008년 당시 최고가격을 회복하지 못한 단지들이 많기 때문이다. 반면 2008년 이후 소형 아파트에 투자했다면 지금까지 꽤 많은 수익을 거두었을 것이다. 부동산 투자 트렌드가 이렇게 바뀐 이유는 무엇일까?

우선 건축 기술의 혁신이 가장 큰 원인이다. 최근 전용면적 59m² 아파트는 발코니 확장과 서비스 면적을 합해 방 3개, 화장실 2개로 나오는 곳이 많다. 과거 전용면적 84m²와 비교해도 부족함이 없다. 평수는 작지만 구조와 설계의 발전으로 체감하는 면적이 부족하거나 불편하지 않다. 또한 2008년 글로벌 금융위기 이후 환금성이 뛰어난 부동산 물건, 즉 매매가 잘 이루어지는 단지들이 인기를 끌기 시작했다.

소형은 당연히 대형보다 가격이 더 저렴한 편이다. 2018년 통계청과 금융감독원, 한국은행이 함께 실시한 조사에 따르면 우리나라 가구당 평균 자산은 4억 1,573만 원, 부채를 뺀 순자산은 3억 4,042만 원이라 한다. 평범한 가정이 갖고 있는 순자산 규모가 대략 3억~4억 원 내외라고 가정한다면 6억~8억 원대 이상의 대형 아파트는 수요가 적을 수밖에 없다. 가격이 비싼 대형보다는 그래도 대출을 안고 살 수 있는 소형 아파트가 부담이 덜하다. 그만큼 손바뀜도 빨라 가격의 오름폭도 대형보다 더 크다.

베이비부머 세대(1955~1963년생)는 은퇴할수록 가급적 고정비를 아끼려는 경향이 있다. 우리나라 베이비부머 세대는 과거 세대와 달리 은퇴 후 자녀들과 함께 사는 경우가 적다. 대부분 자녀들을 출가시키고 부부 내외만 살다 보니 굳이 대형에서 살 필요가 없게 되었다. 또한 주택을 다운사이징하고 남는 차액을 다른 쪽에 투자해 생활비를 마련하려 하기 때문에 소형 아파트의 수요가 늘어나고 있다. 큰 평수에 비해서 작은 평수가 당연히 관리비도 적게 나오고, 여러모로 드는 돈이 덜하다.

은퇴한 후에는 가급적 생활비도 절약해야 한다. 대형 아파트의 관리비는 은퇴한 베이비부머 세대에게 상당한 부담이 된다. 특히 은퇴자금이 충분하지 않고 연금도 적다면 매달 고정적으로 나가는 돈을 줄이는 수밖에 없다. 따라서 고정비를 아끼기 위해서라도 소형 아파트를 찾는 사람들은 더 늘어날 것이다.

소형이 대형보다 더 많이 오른 이유 중 하나는 수급 불균형에 있다. 대형보다 소형을 찾는 수요는 급증하고 있지만 건설사들이 이에 발 빠르게 대응하지 못했다. 계속해서 대형 아파트를 공급하는 우를 범한 것이다. 특히 용인 일대에 대형 아파트가 많이 공급되었는데, 이것이 추후 용인 지역 아파트의 가격을 떨어뜨린 요인 중 하나가 되었다. 건설사들도 바뀐 트렌드를 뒤늦게 깨닫고 소형 아파트를 공급하기 시작했지만 여전히 턱없이 부족한 상황이다.

대형 아파트 가격이
오르는 경우도 있다

물론 무조건 대형을 기피하라는 말은 아니다. 2019년 상반기에는 오히려 대형보다 소형의 공급이 더 많아졌다. 이를 바탕으로 향후 소형보다 대형이 다시 주목받는 시대가 올 것이라고 예측하는 전문가도 일부 있다.

실제로 2019년 1~8월 서울 아파트 규모별 평균 매매가격 상승률을 보면 소형의 오름폭이 가장 적었다. 중소형과 중형, 중대형도 소형보다 오름폭이 컸다. 이 기간 동안 서울 대형 아파트의 평균 매매가격은 3.41% 상승하며 가장 높은 수치를 보였다. 하지만 이는 정부의 규제책이 단기간 힘을 발휘했기 때문이다. 주택임대사업자

서울 아파트 규모별 평균 매매가격 상승률

(단위: 만 원)

기간	소형	중소형	중형	중대형	대형
2019년 1월	35,040	58,291	89,033	106,792	181,961
2019년 8월	35,865	60,254	92,025	110,150	188,160
상승률	2.35%	3.37%	3.36%	3.14%	3.41%

자료: KB부동산

에 대한 세제 혜택을 축소하고, 보유세 부담이 높아지면서 이른바 '똘똘한 한 채'를 찾으려는 바람이 불었기 때문이다.

필자는 이러한 흐름이 결코 장기간 이어질 것이라 생각하지 않는다. 부동산은 1~2년 단기간에 사고파는 투자처가 아니다. 단기간 거래도 가능하지만 이는 필자가 지향하는 투자 철학과는 거리가 있다. 반드시 거시적인 시야로 시장을 바라봐야 한다.

물론 예외는 있다. 예를 들어 강남이나 용산처럼 자산가들이 많이 사는 지역에서는 대형도 계속해서 인기가 높을 것이다. 자산가들은 좋은 입지뿐만 아니라 평수가 더 넓은 아파트를 선호하기 때문이다. 또한 소형 아파트가 압도적으로 많은 지역에서도 희귀성 때문에 대형 아파트가 더 인기 있을 수 있다.

그러나 이제 과거처럼 지역과 입지에 상관없이 무작정 대형이 소형보다 인기 있는 경우는 없을 것이다. 왜냐하면 단기적인 변수는 있을지언정 시대의 흐름은 거스를 수 없기 때문이다. 입지와 상황에 따라 대형을 선호하는 지역이 있을 수는 있으나, 전반적으로 소형을 선호하는 트렌드는 앞으로도 계속 이어질 것이다. 이를 염두에 두고 투자 판단을 내리기 바란다.

신축 vs. 구축,
답은 뻔하다

다양한 인프라가 형성되어 있어 그만큼 삶의 만족도를 높여주기 때문에 새 아파트에 대한 선호는 더욱 거세질 것이다.

대형보다는 소형, 그리고 구축보다는 신축이 더 인기가 있을 것이며, 향후에도 그 인기는 더 커질 예정이다. 이에 대해서는 논쟁의 여지가 없다. 왜 그럴까? 우리나라도 부국이 되면서 좀 더 여유 있게 살고 싶어 하는 사람들이 늘어나고 있기 때문이다. GDP가 늘어날수록 양적성장과 질적성장을 동시에 추구하는 경향이 있다.

우리나라에 처음 이케아가 들어온다고 했을 때 많은 전문가들이 국내 가구 시장이 어려움에 봉착할 것이라고 예측했다. 하지만 이케아가 들어온 후 오히려 우리나라 가구 시장은 더 커졌으며, 특히 소비자들이 전보다 더 디자인과 실용성을 갖춘 가구들을 찾기 시작

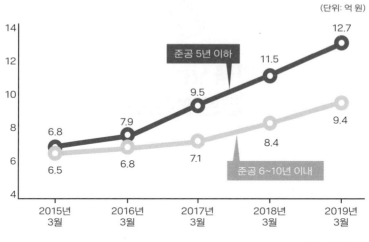

서울시 아파트 연식별 가구당 평균 매매가격 추이

(단위: 억 원)

준공 5년 이하
12.7
11.5
9.5
7.9
6.8

준공 6~10년 이내
9.4
8.4
7.1
6.8
6.5

2015년 3월 · 2016년 3월 · 2017년 3월 · 2018년 3월 · 2019년 3월

자료: 부동산114

했다. 선의의 경쟁을 통해 자연스럽게 가구 시장의 파이가 커져서 현재는 이케아뿐만 아니라 국내 가구 브랜드들의 매출도 함께 늘어났다.

아파트도 마찬가지다. 과거에 비해서 훨씬 더 많은 사람들이 질적으로 성장한 삶을 원하고 있고, 그런 소망이 반영되어 최근에 지어지는 새 아파트에는 여러 가지 커뮤니티가 함께 만들어진다. 이러한 경쟁의 바람은 부동산 시장 전체에 활기를 불어넣고 있다. 예를 들어 아파트 내에 헬스클럽, 골프 연습장, 사우나, 수영장 등을 갖춘 곳이 늘어나고 있고, 심지어 조식 서비스까지 제공하는 아파트도 생겨나고 있는 추세다. 사람들의 욕구에 발맞추어 단순히 거주 공간으로만 인식되던 아파트가 풍요롭게 진화하고 있는 것이다.

서울시 아파트 연식별 가구당 평균 매매가격 추이를 보면 매년 신축과 구축의 매매가격 차이가 벌어지고 있다는 걸 알 수 있다. 2015년만 해도 서울의 준공 5년 이하 아파트와 준공 6~10년 이내 아파트의 평균 매매가격 차이는 3,514만 원에 불과했지만, 2019년에는 무려 3억 2,995만 원까지 벌어졌다. 수천만 원대였던 격차가 수억 원대로 벌어진 것이다.

새 아파트로
몰릴 수밖에 없다

앞으로 더더욱 지어진 지 오래된 아파트보다 오래되지 않은 아파트, 그리고 오래되지 않은 아파트보다 새 아파트로 수요가 몰릴 것이다. 특히 새 아파트는 주차 대수도 옛날 아파트보다 넉넉하다. 한 집에 차가 최소 1~2대씩 있는 작금의 상황에서는 주민 간 주차 문제를 자주 겪게 된다. 그래서 지하주차장이 없는 옛날 아파트는 주차 문제로 주민들의 스트레스가 심한 편이다.

새 아파트는 지하주차장이 있는 경우가 많아 주차 공간도 가구당 거의 2대까지 확보되어 있다. 그리고 주차장을 지하에 만든 대신 1층 지상은 공원처럼 잘 꾸며 놓아서 외부에 있는 공원까지 나가

산책할 필요가 없다. 구축 아파트보다 조경이나 경관에 더 신경 썼기 때문에 여러모로 쾌적하다. 아파트 내 카페가 있는 단지도 있다. 다양한 인프라가 형성되어 있어 그만큼 삶의 만족도를 높여주기 때문에 새 아파트에 대한 선호는 더욱 거세질 것이다.

부동산 투자를 고려하고 있는 사람이라면 굳이 이런 투자 트렌드를 거스를 필요가 있을까? 다시 강조하지만 대형보다는 소형, 그리고 구축보다는 신축이 더 인기가 있을 것이다. 이 점을 간과하지 말자.

강남 vs. 비강남, 격차가 다시 벌어졌다

정부에서는 강남 집값을 잡겠다고 연일 강도 높은 대책을 내놓았지만 정작 강남의 아파트 가격은 전보다 더 크게 뛰었다.

신축 아파트에 대한 수요 증가와 더불어 입지에 따른 수요 증감도 빼놓을 수 없다. 입지는 향후 부동산 투자 트렌드를 올바르게 파악하려면 꼭 알아야 하는 중요한 요소다. 그중에서 가장 중요한 부분은 강남과 비강남 아파트의 가격 차이다. 이 격차 변동을 눈여겨봐야 한다.

많은 사람들이 강남에 들어가고 싶어 하지만 강남권과 비강남권의 아파트 가격 차이가 커 진입하기가 쉽지 않다. 가장 좋은 전략은 강남과 비강남의 격차가 작을 때 갈아타는 것인데, 일반적으로 강남권 아파트가 먼저 오르고 비강남권 아파트가 추후에 오르기 때문에 갈아탈 타이밍을 잡기가 어렵다. 그 타이밍을 정확하게 예측하기 위해서는 무엇보다 강남과 비강남 아파트의 가격 차이가 나는 이유를 정확히 아는 것이 중요하다. 그래야 향후 어떤 식으로 아파트 가격 변화가 전개될지 미리 예측하고 대응할 수 있다.

강남 집값은
잡을 수 없다

2018년에는 서울, 그중에서도 강남의 아파트 가격이 크게 올랐다. 강남과 비강남의 아파트 가격 차이가 더 크게 벌어진 것이다. 정부에서는 강남 집값을 잡겠다고 연일 강도 높은 대책을 내놓았지만 정작 강남의 아파트 가격은 전보다 더 크게 뛰었다. 왜 그럴까?

강남과 강북 아파트의 평균 가격 차이 추이를 보면, 2006년에는 격차가 크게 벌어졌지만 이후 2013년까지 급격하게 줄어든 것을 알 수 있다. 하지만 2014년부터 부동산이 다시 살아나자 점점 격차가 벌어지고 있다. 강남 부동산, 특히 강남 재건축 아파트는 우리나라 부동산의 바로미터라고 해도 과언이 아닐 정도로 시황이 좋아지면 가장 먼저 오르기 시작한다.

강남 재건축 아파트가 오르면 이후 강남 일반 아파트가 오르고, 순차적으로 비강남의 핵심 지역들이 오르기 시작한다. 용산·여의

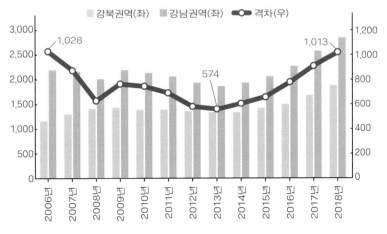

강남 vs. 강북 아파트 3.3m²당 평균 가격 차이 추이

(단위: 만 원)

강북권역(좌)　강남권역(좌)　격차(우)

1,028

574

1,013

자료: 부동산114

도·성수·마포·목동·마곡 등이 오르는 때가 이때다. 핵심 지역이 오르고 난 뒤에는 서울 전 지역으로 상승장이 퍼져나간다. 따라서 강남 재건축 아파트와 강남 일반 아파트의 움직임을 항상 주시하고 있어야 한다. 대세 상승장에 늦지 않게 타려면 투자자금과 무관하게 늘 부동산에 관심을 기울이는 게 좋다.

또한 비강남권에서 강남권으로의 진입을 시도하고자 하는 사람들은 항상 강남이 먼저 오르기 때문에 자신의 집을 처분하지 않은 상태에서 입성을 시도하기가 쉽지 않다. 오르고 있는 강남 아파트를 샀는데 자신이 살고 있는 집이 안 팔리는 경우도 있기 때문이다. 그래서 상승기에 쑥쑥 올라가는 강남 아파트를 바라만 볼 수밖에 없다. 강남에 입성하고자 한다면, 상승기보다 오히려 경기가 안 좋을 때 용기를 내서 집을 팔고 강남이 오르기 전에 매입하는 전략이 좋다. 물론 말이 쉽지 자녀 학군 문제도 있고, 매수 시기를 조율하는 것도 쉽지 않다.

하지만 앞서 강남과 강북의 가격 차이 추이 그래프에서 보았듯이 강남으로 갈아탈 가장 좋은 시기는 '부동산은 끝났다.'라는 생각이 가득했던 하락기다. 2012년이나 2013년이 강남으로 갈아타기 좋은 시기였다. 물론 이러한 하락장에서는 비강남권 아파트 역시 잘 팔리지 않고, 값어치도 낮을 때여서 결단을 내리기가 쉽지 않다.

격차가 다시
벌어진 이유

2014년까지 잠잠했던 서울 전 지역의 아파트 가격은 2015년을 저점으로 다시 꿈틀거리기 시작했다. 그 이유는 무엇일까? 또 그동안 오르지 않던 강남 아파트는 왜 최근 다시 많이 오른 걸까? 그 이유를 알려면 이명박 전 대통령의 대선공약을 살펴봐야 한다. 이명박 전 대통령이 대선공약으로 내세운 보금자리주택은 정부가 무주택 서민을 위해 직접 공급하는 주택을 의미한다. 바로 이 보금자리주택이 강남, 그리고 서울 전 지역의 집값을 잡는 데 큰 몫을 했다.

보금자리주택 시범지구 공급 규모

지구명	합계	서울 강남 (세곡)	서울 서초 (우면)	고양 원흥	하남 미사
면적	805만 6천m²	94만m²	36만 3천m²	128만 7천m²	546만 6천m²
가구수	6만 호	7천 호	4천 호	9천 호	4만 호
보금자리 주택	4만 4천 호	5천 호	3천 호	6천 호	3만 호

자료: 국토교통부

정부는 서울, 특히 강남 근처 그린벨트를 풀어 보금자리주택을 대규모로 공급했다. 애초에 그린벨트를 풀어 택지를 공급했기 때문에 저렴한 분양가로 공급할 수 있었다. 이른바 '반값 아파트'라 불릴 정도로 저렴한 주택이 많이 풀리면서 전국의 집값 상승을 억제하게 되었다. 이때 강남권 집값이 위축 국면을 맞았다. 동시에 경기도 위축되어 있었기 때문에 다른 지역의 부동산 거래를 줄이는 결과를 초래했고, 보금자리주택은 생태계를 파괴하는 '황소개구리'라는 별명을 얻기도 했다.

결과적으로 사람들은 보금자리주택으로 내곡동과 세곡동, 하남 등 비교적 입지가 좋은 지역에 저렴하게 내집마련을 할 수 있다는 생각을 갖게 되었다. 그래서 보금자리주택은 새 아파트, 특히 강남권 새 아파트의 수요층을 흡수하게 된다. 물론 보금자리주택뿐만 아니라 강남 수요를 겨냥한 2기 신도시, 즉 위례신도시의 대규모 물

수급 논리에 따라 집값의 등락을 설명할 수 있지만, 오로지 수요와 공급만 가지고 집값의 흐름을 이해하려 해서는 안 된다.

량도 강남 집값을 누르는 데 일정 부분 기여했다. 위례신도시는 송파·성남·하남 세 행정구역이 걸쳐 있고, 분당이나 판교보다 강남과 가까워 많은 강남권 수요를 흡수했다. 하지만 2014년 이후 미국의 저금리와 풍부한 유동성으로 강남권을 비롯해 서울의 집값이 서서히 오르기 시작했다. 위례신도시와 강남과 인접한 보금자리주택의 입주가 마무리되면서 다시 강남권 새 아파트에 대한 수요가 커졌기 때문이다. 또한 위례신도시와 강남권에 인접한 보금자리주택의 입주가 마무리되면서 강남과 강북의 집값 격차는 다시 벌어진다.

이처럼 수급 논리에 따라 집값의 등락을 설명할 수 있지만, 오로지 수요와 공급만 가지고 집값의 흐름을 이해하려 해서는 안 된다. 그렇다면 현 정부 들어 강남 집값이 크게 오른 요인은 무엇일까? 특히 2018년에 오른 이유는 무엇이고, 수급 이외에 어떤 요인이 강남 집값을 움직인 것일까? 향후 강남 집값의 흐름을 파악하고, 언제 강남에 입성하는 게 좋을지 알기 위해서는 이 질문들에 대한 해답을 찾아야 한다.

교육정책과 강남 집값

강남과 강북의 집값 격차가 벌어진 이유 중 하나는 교육정책과 연관이 있다. 우리나라 부모들은 자녀 교육에 지대한 관심을 가지고 있다. 인적자원 외에는 자원이 없는 대한민국에서 어쩌면 당연한 현상인지도 모른다. 사교육 열풍과 학군에 대한 관심이 높은 이유도 마찬가지일 것이다. 물론 교육에 대한 과도한 관심이 부작용을 낳기도 했지만, 높은 교육열로 인해 우리나라가 선진국의 문턱을 빨리 넘을 수 있었다고 생각한다. 우리가 이렇게 성공할 수 있었던 것은 높은 교육열과 수많은 부모들의 헌신이 있었기 때문이다.

진보성향의 교육감들이 대거 뽑히면서 평등의 기치 아래 대학교

입시가 정시보다 수시 위주로 돌아가게 되었다. 정시는 모두 똑같은 시험을 응시해 해당 점수를 가지고 대학에 진학하는 방법이다. 반면 수시는 피아노 잘 치는 사람, 글 잘 쓰는 사람, 그림 잘 그리는 사람 등 개인의 특성에 맞춰 대학에 갈 수 있게 하려는 입시전형이다. 물론 교육당국의 취지에는 동감한다. 각자의 개성을 잘 살려 다양한 능력을 가진 학생들을 선발한다면 보다 혁신적인 인재들이 대학교에 진학하게 될 것이다.

하지만 관련 시스템이 잘 갖춰지지 않은 국내 사정상 수시는 '정보 전쟁'이 되었다. 일반 학부모들은 수시의 종류는 무엇이 있는지, 수시로 입학하려면 어떻게 준비해야 하는지, 어떤 활동을 해야 점수를 더 잘 받을 수 있는지 등의 정보가 많지 않다. 커뮤니티가 잘 형성되어 있는 강남은 학부모들끼리 자연스럽게 입시 정보를 공유할 수 있고, 수백만 원씩 지불해가며 입시 컨설팅을 받고는 한다.

수시 확대는 사교육을 줄이자는 취지로 시행된 것이지만, 실제로는 강남 8학군을 중심으로 수시 컨설팅이 확대되어 사교육을 더 확산시키는 부작용을 낳았다. 정보에 민감하고 양질의 수시 컨설팅을 쉽게 받을 수 있는 강남권의 아파트 가격이 강세를 보일 수밖에 없는 이유다. 다음은 2019년 11월 10일 〈중앙일보〉 기사다.

정부는 2년 6개월 동안 부동산 대책을 17차례 발표했다. 이 속도라면 정권 말까지 내놓는 대책 수가 노무현 정부 시절(30회가량)을 웃돌 수 있다. 대책 대부분이 세금을 더 부과하고 대출 길을 막는 등의 수요 억제책이다. (…) 서울 강남권의 대표 인기 단지인 아크로리버파크 전용면적 84m²는 2017년 5월 19억 원에서 2019년 10월 34억 원으로 15억 원(79%) 상승했다. (…) 정부가 서울 아파트를 공략하는 사이 지방 집값은 침체했다. 한국건설산업연구원에 따르면 10월 10일 현재 경북·경남·충북의 아파트 실거래가는 전 고점 대비 20% 이상 하락한 상태다.

만약 강남 집값을 잡을 의지가 정말 있다면 정시 비중부터 높이는 정책을 펼쳐야 할 것이다. 이론으로만 보면 수시가 좋아 보이지만 실제로는 부작용이 더 크다. 수시 비중이 높아질수록 교육열과 인프라가 전통적으로 강세를 보이는 강남과 목동 등의 아파트 가격과 전셋값은 떨어질 수 없다. 〈중앙일보〉 기사를 보면 부동산 억제책이 얼마나 무용했고, 강남권 아파트의 경쟁력이 얼마나 강해졌는지 알 수 있다.

부동산의 흐름을 바꾸는 데 크게 일조하는 건 정책이다. 특히 교육정책에 따라 지역별 부동산의 가격이 바뀌고, 소비자들이 더 선호하는 지역이 생길 수 있다. 수시 확대와 별개로 학군이 우수한 지역의 집값이 오를 수 있는 또 하나의 변수는 바로 '자사고 폐지' 정책이다. 자사고는 자율형 사립고의 줄임말로, 학사 일정을 전적으로 학교 자율에 맡기는 고등학교를 의미한다. 교육부의 간섭 없이 학교가 자율적으로 학생들의 선택권을 다양화할 수 있고, 교과과정 외의 교육 서비스도 추가로 제공한다. 물론 학비가 연간 1,100만 원에 달할 정도로 일반 고등학교에 비해 비싸지만, 자녀 교육에 관심이 많고 아이가 공부를 잘하는 집은 자사고를 선호한다.

그런데 최근 전북교육청과 경기교육청이 전주 상산고와 안산 동산고에 대한 자사고 재지정 평가에서 '지정 취소'를 결정하면서 파문이 일었다. 이 중 상산고는 『수학의 정석』 저자로 유명한 홍성대 이사장이 직접 설립한 고등학교다. 1년에 서울대를 40~50명 보낼 정도로 강남의 내로라하는 학교보다 더 성과가 좋은 전북의 명문고다. 현 정부는 이러한 학교를 일반고로 전환할 계획으로 자사고 폐지를 적극적으로 밀어붙였다. 만약 지방 명문 학교들의 경쟁력이 약화된다면 지방 부동산은 어떻게 될까? 서울 명문 학군으로의 수요가 커져 약세를 보일 것이다.

실제로 2019년 11월 7일 정부는 2025년부터 자사고·외고·국제고를 모두 일반고로 전환하기 위해 초중등교육법 시행령을 개정할 계획이라고 발표했다. 자사고는 김대중 정부 때 처음 도입되었고, 이명박 정부 때 더욱 확대되었다. 하지만 진보성향의 교육감들이 대거 당선되면서 자사고를 없애려는 움직임이 커졌다. 그 이유는 자사고의 존재가 고교 서열화를 일으키기 때문이다.

자유와 평등 중 어떤 가치가 옳고 그른지를 떠나서 백년대계인 교육정책이 교육감의 성향에 따라 손쉽게 바뀌는 건 바람직하지 않

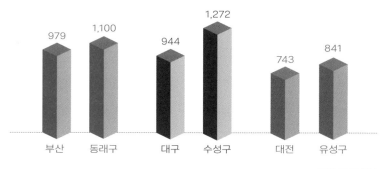

지방 우수 학군 3.3m²당 평균 아파트 매매가격(2018년 8월 기준)

(단위: 만 원)

부산 979
동래구 1,100
대구 944
수성구 1,272
대전 743
유성구 841

자료: 부동산114

다. 재학생뿐만 아니라 자사고 입학을 준비한 학생과 학부모에게도 타격이 클 수밖에 없다. 향후 자사고의 존폐 여부는 좀 더 지켜봐야겠지만, 만일 자사고가 없어진다면 단언컨대 학군이 좋은 강남의 경쟁력은 훨씬 더 높아질 것이다.

이명박 정부 시절, 강남 집값을 잡은 요인 중 하나는 보금자리주택과 자사고 확대라고 해도 과언이 아니다. 비강남권에 자사고가 생기면서 강남권이 아니더라도 좋은 학군을 이용할 수 있게 되어 강남의 수요가 줄어들었다. 하지만 자사고가 없어진다면 아마 교육에 관심이 많은 부모들은 자녀 교육을 위해 강남이나 목동으로 이사하겠다는 생각을 하게 될 것이다. 그렇게 되면 집값과 전셋값 상승을 견인하는 요인이 될 수 있다.

학군의 중요성은 비단 서울에만 국한되지 않는다. 지방(부산·대구·대전)에서도 우수 학군이 위치한 동네가 해당 지역 전체 아파트 가격 평균을 웃돌고 있다. 만일 자사고까지 폐지된다면 이러한 격차는 더 커질 것이다.

강남 집값의 향방은 공급과 교육정책, 개발정책에 달려 있다. 최근 지정된 3기 신도시도 강남의 수요를 흡수하기에는 물리적 거리가 있다. 더군다나 재개발·재건축을 막는 서울시의 정책으로 인해 강남에 더 이상 새 아파트가 공급되지 않는다는 걸 사람들이 인식한 상황이다. 기회만 된다면 더더욱 강남으로 이주하고 싶어 할 수밖에 없다. 이 수요가 폭발하면 언제 다시 강남 집값을 자극할지 모른다. 강남으로 입성하고자 하는 사람들을 위한 부동산 투자 전략은 뒤에서 다시 다루도록 하겠다.

수도권 vs. 지방, 똘똘한 한 채가 떠오른다

규제가 계속되는 한 똘똘한 한 채에 대한 수요는 더 늘어날 것이다. 그럴수록 지방 아파트는 침체를 겪을 가능성이 크다.

　수도권과 지방의 부동산 시장이 향후 어떻게 변할지 예측하기 위해서는 최근 들어 수도권보다 상대적으로 지방 시장이 좋지 않은 원인을 살펴봐야 한다. 8·2 대책 이후 강남 등 투기지역, 투기과열지구로 지정된 곳의 아파트 가격은 올랐지만 지방의 경우에는 마이너스를 기록했다.

　규제를 했음에도 불구하고 수도권 집값은 올랐지만 정작 집값 거품이 없던 지방 부동산 시장은 침체를 맞은 것이다. 그 이유는 무엇일까? 정부에서 다주택자에 대한 규제를 심화할수록 똘똘한 한 채로 갈아타고자 하는 수요가 증가했기 때문이다. 규제의 역설이라

(단위: %)

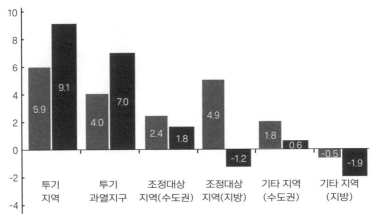

■ 8·2 대책 전 1년간 상승률　■ 8·2 대책 후 1년간 상승률

구분	대책 전	대책 후
투기지역	5.9	9.1
투기과열지구	4.0	7.0
조정대상지역(수도권)	2.4	1.8
조정대상지역(지방)	4.9	-1.2
기타 지역(수도권)	1.8	0.6
기타 지역(지방)	-0.5	-1.9

자료: KB국민은행

고 해도 과언이 아니다.

　8·2 대책 전후 1년간 집값의 동향을 살펴보면 수도권 시장의 강세를 확인할 수 있다. 규제가 심한 투기지역과 투기과열지구는 오히려 상승률이 높아졌고, 규제가 약하거나 없는 나머지 지역은 하락했다. 알다시피 8·2 대책은 부동산 폭등을 막고자 다주택자가 스스로 집을 팔도록 유도하고, 팔지 않는 다주택자에 대해서는 추가로 규제를 가하는 정책이다. 그런데 오히려 수도권 지역의 집값만 상승하는 결과를 가져왔다. 그 이유는 무엇일까?

지방이 약세를
보이고 있는 이유

여러분이 지방 부동산을 포함해 여러 채의 주택을 갖고 있다고 가정해보자. 그런데 양도소득세 중과와 보유세 증가로 다주택에 대한 부담감이 커진다면 어떤 생각을 하게 될까? 세금 혜택을 위해서라도 똘똘한 한 채로 갈아타고 싶지 않겠는가? 4억 원짜리 지방 아파트 3채를 갖고 있는 것보다 서울에 위치한 12억 원짜리 아파트 한 채로 갈아타는 게 더 낫다고 판단할 것이다.

지방 산업의 침체도 지방 집값을 하락시킨 원인 중 하나다. 특히 울산과 거제 등은 조선산업 침체로 집값이 크게 떨어졌다. 다행히 최근 조선산업이 다시 살아나면서 인근 부동산도 회복되고 있는 추세다. 산업과 별개로 인구가 줄어들수록 생활 인프라와 교통 여건이 좋은 수도권, 특히 서울로 몰리게 될 것이다. 경기가 어렵거나 인구가 줄어들수록 서울 중심부 집값은 덜 떨어지고 견고할 것이라고 판단하기 때문에 지방의 여유 있는 투자자는 원정 투자를 할 가능성이 높다.

지방이라고 무조건 집값이 전혀 오르지 않는다는 건 아니다. 2008년 글로벌 금융위기 이후 2010년쯤 부산에서 시작된 지방 부동산 열풍은 이내 전국으로 퍼져 상승장의 포문을 열었다. 그동안 지방 아파트가 덜 올라 가격적인 메리트도 있었지만, 무엇보다 집값과 전셋값의 차이가 거의 나지 않아 갭투자가 용이했다. 당시 경기가 이미 바닥을 쳤고, 수요가 있는 지역은 향후 매매가격이나 전셋값만 올라도 손해를 보지 않을 것이라는 예측이 있었다. 실제로 그때 수백 채씩 갭투자를 한 무용담을 담은 책들이 쏟아졌고, 지방 부동산 투자로 이익을 본 사람들도 꽤 있었다.

노무현 정부 때도 지방 분권을 위해 세종시를 비롯한 지방 주요 도시들을 발전시키고, 지방 산업단지들이 늘어나면서 매매가격과 전셋값이 강세를 보이기 시작했다. 물론 수도권처럼 큰 폭으로 오르지는 않았지만 저렴해서 여러 채를 매수할 수 있었기 때문에 적게 올라도 수익이 컸다. 지방 아파트 투자 열풍이 불면서 전세를 끼고 적은 돈으로 투자하는 갭투자가 유행처럼 번졌다. 2009년 말 혹은 2010년 시작된 지방 부동산 투자는 2014년 이후 수도권으로 투자 트렌드가 바뀌기 전까지 유효한 방식이었다.

지방 부동산은
어떻게 흘러갈까?

지방 아파트에 투자했다 하더라도 2014년 이후 수도권, 특히 서울에 투자한 사람들은 계속해서 이익을 볼 수 있었다. 투자 트렌드의 흐름이 지방에서 수도권으로 차차 넘어오더니 2017년 8·2 대책 이후에 지방은 완전히 약세로 돌아섰다. 앞에서 언급한 것처럼 똑똑한 한 채로 갈아타려는 수요가 늘어났기 때문이다.

따라서 규제가 계속되는 한 똑똑한 한 채에 대한 수요는 더 늘어날 것이다. 그럴수록 지방 아파트는 침체를 겪을 가능성이 크다. 그럼에도 불구하고 지방에도 새 아파트에 대한 수요는 있기 때문에 청약 경쟁률이 높은 단지들이 있다. 언제까지고 규제 일변도의 정책만 밀어붙일 수는 없으므로 거시적인 관점에서 본다면 저평가되어 있고 입지가 좋은 지방 부동산을 눈여겨보는 게 좋다.

향후 지방 부동산이 계속 침체된다면 2020년 4월 총선 전에 정부에서도 이 문제를 해결하기 위한 정책들을 내놓을 가능성이 있다. 총선 시점에 별다른 조치가 없다 하더라도 지방 부동산 시장을 살리기 위한 정책은 언제고 나올 것이다. 따라서 저평가된 지방 부동산 시장은 반전될 여지가 있다. 지속적으로 지방 부동산 정책과 시장 동향의 변화를 지켜봐야 하며, 만일 정책 변화가 없다면 지금과 마찬가지로 일부 새 아파트 청약을 제외하고는 상승할 여지가 크게 없어 보인다.

갭투자는 아주 오래전부터 가능했지만, 근래처럼 매매가격과 전셋값의 차이가 크지 않아 지방 아파트를 단돈 1천만 원 수준으로 사는 경우는 거의 없었다. 2009년 이후 엄청난 갭투자 열풍이 불었고 그 여파는 최근까지도 계속되고 있다. 그러다 경기가 나빠져 일부 지역의 전셋값이 하락하자 집주인이 고의로 집을 경매로 넘기거나 잠적하는 등 세입자에게 리스크를 떠넘기는 일이 사회적인 문제로 대두되었다. 지방 부동산이 흘러가는 양상과 갭투자는 떼려야 뗄 수 없는 관계에 있으므로 향후 갭투자가 계속 유효한 투자방법일지는 고민해볼 필요가 있다.

갭투자는
지속될 수 있을까?

레버리지를 극대화하기 위해 자기자본이 충분하지 않음에도 불구하고 과도하게 수십 채, 수백 채씩 주택을 사는 건 리스크 관리 측면에서 매우 위험하다.

전세를 끼고 내집마련을 하는 갭투자는 관행처럼 행해져온 부동산 투자방법이다. 자금 운용이 어려워져 분양받은 집의 잔금을 치를 수 없으면 일단 전세로 임대를 놓아 잔금을 마련하고, 추후 전세금만큼 돈을 모아 전세를 빼주고 해당 집에 입주하는 케이스가 전형적인 갭투자에 해당된다. 본인이 거주할 집은 아니지만 전세를 끼고 집을 매입해서 추후 집값이 오르면 다시 팔아 차액을 남기는 것도 일종의 갭투자 방식이다.

이런 투자 방식은 과거에도 많이 있었고, 1997년 IMF 외환위기 이후 이런 방식으로 아파트를 사는 사람들이 많았다. 다만 '갭투자'라는 용어 자체는 최근에 만들어진 신조어로, 전세를 끼고 투자하는 방식 중에서도 매매가격과 전셋값 차이가 적은 아파트를 골라 투자하는 방식을 가리킨다.

갭투파는 어떻게 활성화되었을까?

갭투자가 활성화될 수 있었던 계기는 2010년 이후 그동안 오르지 않았던 지방 아파트들이 조금씩 오르기 시작했기 때문이다. 더군다나 지방 아파트는 매매가격과 전셋값의 차이가 적어 단돈 1천만 원 혹은 그보다 더 적은 돈으로도 충분히 매입이 가능했다. 1천만 원으로 1채씩 투자한다고 가정하면 10채는 1억 원, 100채는 10억 원의 자본금만 있으면 가능하다.

갭투자가 가능했던 또 다른 이유는 '전세'라는 우리나라만의 특수한 제도 때문이다. 목돈을 맡기고 집을 자유롭게 쓸 수 있어 세입자 입장에서 상당히 유리해 보이지만 실상은 그렇지 않다. 물가상승률의 영향을 고려하면 시간이 지날수록 전세금의 가치는 떨어진다. 전세금 1억 원을 10년 후 다시 돌려받는다 하더라도 그 돈의 실제 가치는 크게 달라지는 것이다.

10년 전 1억 원과 10년 후의 1억 원은 큰 차이가 있다. 당장 지금으로부터 10년 전만 해도 4천 원짜리 국산 담배 한 갑이 1천 원이었고, 지금은 1,350원 하는 지하철 요금이 그때는 400원, 5천 원 넘는 짜장면이 2천 원대였다. 굳이 물가상승률을 논하지 않더라도 우리는 이미 돈의 가치가 얼마나 빨리 떨어지는지 체감하고 있다.

하지만 명목상 돌려받는 돈은 그대로기 때문에 세입자들은 원금이 보장되는 전세 제도를 더 선호한다. 투자자들은 그러한 심리를 이용해서 매매차익으로 이득을 얻는 셈이다. 즉 전세로 살고 싶은 사람이 많아지면 많아질수록 갭투자를 이용해 돈을 벌 수 있는 사람의 수도 늘어나게 된다.

전세는 재산세와 종합부동산세 등 세금에서도 자유롭다. 주택을 구입하면 취득세나 재산세, 양도소득세 등 여러 세금을 납부해야 한다. 하지만 전세금에 대한 세금은 따로 없기 때문에 전세로 사는 게 내집마련보다 절세 면에서는 유리하다. 그러나 세금 때문에 전세만 고집하게 되면 자산을 지킬 수도 불려나갈 수도 없다. 집값 하락과 세금이 두려워 내집마련을 하지 않는 건 지양해야 할 자세다. 과감히 전세를 무이자 대출처럼 활용한 집주인들은 전세살이를 하는 세입자들과 달리 어렵지 않게 주택을 매입한다. 추후 생기는 시세차익은 당연히 전적으로 리스크를 감수한 집주인들의 몫이다.

이처럼 전세를 끼고 주택을 매입하는 갭투자는 전세 제도가 있기에 가능한 방식으로, 전세를 원하는 세입자들이 늘어난다면 더 효과적이고 확실한 투자방법이 될 수 있다. 시장이 상승장일 땐 레버리지를 활용한 갭투자가 더욱 각광받을 수 있다고 생각한다.

너무 과도한
갭투자가 문제다

문제는 최근 과도하게 전세를 끼고 주택을 구입했다가 집값과 전세금이 동시에 떨어져 파산하거나, 집주인이 전세금을 돌려주지 못하고 도망가는 사례가 늘어나고 있다는 점이다. 무엇보다 전세금을 떼이면 선량한 임차인들이 큰 피해를 보기 때문에 큰 사회문제가 되고 있다.

레버리지를 극대화하기 위해 자기자본이 충분하지 않음에도 불구하고 과도하게 수십 채, 수백 채씩 주택을 사는 건 리스크 관리 측면에서 매우 위험하다. 경기가 좋을 때는 리스크만큼 수익이 커질 수 있지만, 반대의 경우 전부 다 망할 수도 있기 때문이다.

예를 들어 1억 원짜리 아파트를 전세 9천만 원을 끼고 자기자본 1천만 원으로 투자했다고 가정해보자. 자기자본 10억 원, 전세금 90억 원을 들여 100채를 사면 자산은 100억 원이 된다. 단순계산으로 시장 상황이 좋아 1억 원짜리 아파트가 2천만 원 올라 1억 2천만 원이 되면 100채니까 20억 원의 돈을 벌게 된다. 이러면 전세금은 여전히 90억 원이지만 자기자본이 10억 원에서 30억 원으로 뛰어 총자산은 120억 원이 되고, 그러면 단돈 10억 원으로 20억 원을 버는 것이다.

그런데 시장이 항상 좋기만 할 수 있을까? 굳이 1997년 IMF 외환위기나 2008년 글로벌 금융위기의 사례를 들지 않아도 집값은 꾸준히 등락을 반복해왔다. 경제 위기가 찾아와 집값이 3천만 원씩 빠지면 1억 2천만 원까지 오른 집은 금세 9천만 원이 되고, 총자산은 120억 원에서 90억 원이 된다. 전세금은 여전히 90억 원이므로, 전세금을 전부 돌려주면 10억 원이었던 자기자본은 아예 사라져 0이 된다. 차라리 0이 되어서 다행이지 마이너스가 되는 사례도 허다하다.

전셋값이 떨어져 생기는 리스크도 무시할 수 없다. 전셋값이 떨어지면 매매가격과 전셋값 사이가 벌어진 만큼 자기자본을 투입해야 한다. 그렇다고 집을 팔자니 양도소득세 폭탄이 두려워 사면초가에 빠진다. 시장 상황이 좋을 때 무분별한 갭투자가 전셋값 급등을 일으키지만, 이후 거품이 꺼지면 역전세난이 발생한다. 실제로 2017년 2월부터 2019년 2월까지 2년 동안 경기도에서 전셋값이 하락한 지역을 보면 그 심각성을 알 수 있다. 안성·안산·평택·하남은 모두 10% 넘게 큰 폭으로 하락했고, 파주는 10% 가까이 하락했다. 같은 기간 서울 용산·도봉·노원·서초·강남·송파의 전셋값도 하락했다.

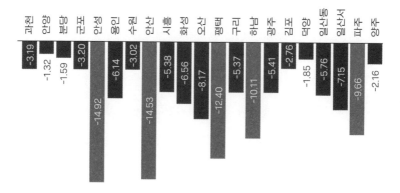

2017년 2월~2019년 2월 경기도 전셋값 하락 지역

(단위: %)

과천	안양	성남	군포	의왕	용인	수원	안산	시흥	화성	오산	평택	구리	하남	광주	김포	동두천	일산동	일산서	파주	양주
-3.19	-1.32	-1.59	-3.20	-14.92	-6.14	-3.02	-14.53	-5.38	-6.56	-8.17	-12.40	-5.37	-10.11	-5.41	-2.76	-1.85	-5.76	-7.15	-9.66	-2.16

자료: 한국감정원

　물론 앞으로 경제 위기가 오지 않고 한국 경제가 꽃길만 걸을 수도 있지만, 근거 없는 낙관에 젖어 리스크 관리를 소홀이 하지 않기 바란다. 러시안룰렛 게임을 떠올려보자. 총알이 한 발밖에 들어 있지 않다고 해서 자신 있게 자신의 머리에 겨누고 쏠 수 있는 사람이 있을까? 확률이 낮다 하더라도 늘 최악의 경우에 대비해야 위기가 찾아와도 무너지지 않는다.

　리스크 관리 측면에서 봤을 때 너무 과도한 갭투자는 피해야 한다. 자칫 시장이 예상대로 흘러가지 않으면 단번에 파산까지 이르는 최악의 경우를 맞이할 수 있다. 또한 선량한 세입자들에게까지 피해를 줄 수 있는 투자방법이기 때문에 무리한 갭투자는 도덕적인 측면에서도 하지 말아야 한다.

이제는 세입자들도 전보다 많이 똑똑해져서 임대인이 여러 채의 주택을 소유하고 있는지, 나중에 본인들이 나가고 싶을 때 전세금을 온전히 돌려받을 수 있는지 잘 따져본 뒤 입주하고 있다. 더군다나 갭투자가 사회문제로 대두되고 있기 때문에 너무 많은 주택을 소유한 집주인의 물건은 공실이 생길 확률이 더욱 커질 것이다. 서울시도 갭투자로 인한 피해를 줄이기 위해 움직이기 시작했다. 다음은 2019년 10월 13일 〈중앙일보〉 기사다.

갭투자로 인한 피해가 늘자 서울시가 13일 '주택 갭투자로 인한 전세보증금 피해 예방대책'을 내놨다. 집주인들이 주로 투자한 곳이 다가구·다세대주택이지만 가격이 되레 내려가고, 무리한 대출로 인한 이자 부담이 늘자 전세보증금을 돌려주지 못하는 등 피해가 속출하고 있어서다. 서울시가 이번에 내놓은 대책은 세입자의 알권리를 강화하는 법률 개정 추진, 위법 행위 집중단속, 공인중개사 임차인 보호 교육 등이 주요 내용이다.

민간 임대주택에 관한 특별법·공인중개사법 등 관련 법이 개정되어 세입자 권리가 확대된다면 수백 채씩 무리하게 갭투자를 한 집주인들이 설 곳이 더 좁아질 것이다. 무분별한 갭투자는 반드시 지양해야 하며, 만일 하더라도 무리하지 않는 선에서 손대야 할 투자방법이다.

일부 부동산 책에서는 여전히 갭투자가 최고의 부동산 재테크 방법이라 소개하고 있지만, 무엇이든 과하면 탈이 난다는 것을 잊지 말자. 부동산 투자 트렌드는 계속해서 바뀌기 때문에 과거의 투자방법에 연연할 필요는 없다.

상가와 지식산업센터, 전망과 접근 전략

늘 공실을 염두에 두면서 입지와 인프라가 나쁜 상가와 지식산업센터는 투자가치를 면밀히 따져보는 게 좋다.

정부의 주택에 대한 대출 규제로 향후 상가, 지식산업센터(구 아파트형공장) 등 수익형 부동산에 자금이 많이 유입될 것이라는 전망도 나온다. 하지만 최근 자영업자들이 큰 어려움을 겪고 있고, 사업도 잘되지 않는 경우가 많아 늘 공실을 염두에 두면서 입지와 인프라가 나쁜 상가와 지식산업센터는 투자가치를 면밀히 따져보는 게 좋다.

우선은 간단히 개념 정리부터 하고 가자. 일반적으로 상가는 우리가 잘 아는 음식점, 미용실, 카페 등의 업종을 운영할 수 있는 곳을 말한다. 상가 주인은 상가를 빌려주고 임차인에게 매달 월세를 받는다. 비슷한 개념으로 오피스가 있는데, 말 그대로 사무실이라고 보면 된다. 사무실 주인, 즉 임대인은 사무실을 빌려주고 임차인에게 매달 월세를 받는다.

지식산업센터는 아파트형공장에서 이름이 바뀌었다. 정부는 산업 활성화를 위해 다양한 세제 혜택을 제공함으로써 창업을 독려하고 있다. 무엇보다 지식산업센터의 최고 장점은 분양가 대비 최대 80%까지 대출이 나온다는 것이다. 레버리지 효과를 극대화할 수 있으며 초기 자금이 적어도 투자가 가능하다. 다만 세제 혜택을 누릴 수 있는 업종이 제한되어 있기 때문에 임대가 아니라 실제로 분양받아 사업을 하려고 한다면 세제 혜택을 받을 수 있는 업종인지 잘 체크해야 한다.

리스크가 큰 상가에
비교적 안전하게 투자하려면

상가 역시 대출 규제가 주택에 비해 자유로운 편이다. 주택과 달리 상가는 실물경기와 밀접한 관련이 있기 때문에 규제를 강하게 할 수 없다. 대출 규제를 강화하면 상가를 구입하는 사람들이 적어질 테고, 상가가 분양이 잘 안 되거나 매매가 줄면 상가에 들어와서 장사를 하는 상공인들의 수도 적어진다. 이렇듯 부가가치 창출과

GDP 등 국가 산업 전반에 바람직하지 못한 현상이 벌어지기 때문에 정부 입장에서도 상가에 대한 대출 규제를 쉽게 할 수 없다.

상가는 지역마다 차이가 있지만 매매가격의 60~70%까지 대출이 나온다. 최대 80%인 지식산업센터보다는 대출이 덜 나오지만 그래도 주택에 비해서는 많이 나오는 편이다. 입지가 좋고 공실 걱정이 없는 상가에 투자하면 매달 들어오는 월세가 웬만한 월급쟁이 급여보다 높은 경우도 있다.

실제로 자신의 상가에 유명 프랜차이즈 베이커리를 입주시켜 매달 700만 원에 가까운 월세를 받는 투자자를 알고 있다. 700만 원은 분명 한 달 생활비로 부족함이 없는 돈이다. 그 정도의 현금 흐름을 만들 수 있는 상가라면 지역마다 조금씩 차이는 있겠지만 매매가격은 대략 15억 원 정도다. 큰 자본금이 없으면 상가로 매달 생활비만큼 월세를 받기가 만만치 않다는 뜻이다.

신도시 내 1층 상가는 전용면적 26m² 정도도 10억 원 이하의 매물이 없을 정도로 분양가가 비싸다. 최근 위례신도시와 마곡지구 등지에서 나오는 상가는 분양가도 높고 공실도 많다. 높은 분양가는 높은 임대료로 이어지고, 높은 임대료를 감수하면서 안정적인 수익을 내는 자영업이 많지 않으니 다시 공실률이 높아진다.

특히 최저임금 인상과 경기 침체로 가뜩이나 자영업자들이 견디기 녹록치 않은 시기다. 상가 투자는 지역의 상권을 살피는 것도 중요하지만 무엇보다 어떤 업종이 들어와 실제로 얼마큼 매출을 올려

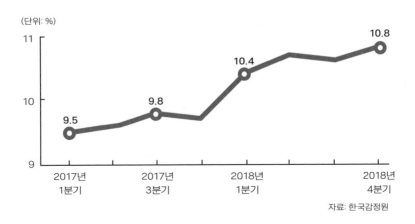

전국 상가 공실률

(단위: %)

- 2017년 1분기: 9.5
- 2017년 3분기: 9.8
- 2018년 1분기: 10.4
- 2018년 4분기: 10.8

자료: 한국감정원

주는지가 관건이다. 상권이 좋지 않아도 바이럴 마케팅이 잘 되어 맛집으로 소문이 나 사람들이 줄 서서 먹는 식당이 있는 반면, 상권이 정말 좋아도 파리만 날리는 식당도 있다. 상권이 전부가 아니라는 뜻이다. 업종과 해당 업종의 성과에 따라 상가의 가치가 결정되므로 좋은 임차인을 구하는 것도 상가 투자의 핵심 중 하나다.

상가 투자의 가장 큰 리스크는 공실이다. 공실이 장기화되면 막대한 대출 이자와 관리비를 온전히 투자자가 감당해야 한다. 전국 상가 공실률은 2017년 1분기부터 꾸준히 상승해 2018년 4분기에는 10.8%를 기록했다. 한 번 잘못 산 상가로 10년째 공실에 시달리는 투자자도 몇몇 보았다. 따라서 상가 투자는 정말 신중을 기해야 한다. 전문가인 필자도 상가는 지역에 따라 물건의 개별성이 강해 상가 투자를 쉽게 여긴 적이 없다.

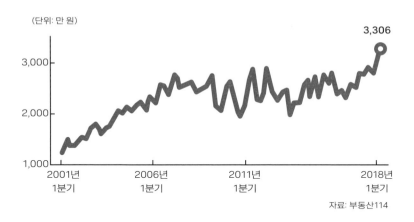

자료: 부동산114

2018년 1분기 기준 1층 상가의 3.3m²당 평균 분양가는 3,306만 원이라 한다. 평균 분양가와 평균 공실률이 같이 높아지니 수익률에 문제가 생기는 곳이 속출할 수밖에 없다.

그럼에도 불구하고 상가 투자를 하고 싶다면 가급적 임차가 맞춰져 있는 상가를 노리기 바란다. 특히 국민은행, 교보생명, 삼성화재 등 우량한 회사들이 임차한 상가를 매입하면 비교적 안정적인 상가 투자를 할 수 있다. 높은 가격 때문에 임차가 맞춰진 상가에 진입할 수 없다면 오로지 입지와 상권만 보고 공실률과 전망을 예측해야 한다.

임차가 맞춰진 상가를 찾기는 어렵지만 의외로 신규 분양 중 입주가 임박한 상가에 간혹 임차가 맞춰진 물건이 나오는 경우도 있다. 따라서 상가 투자 경험이 없거나 초보자라면 우량 기업의 임차가 맞춰진 상가를 노리는 것이 가장 안정적인 투자방법이다.

앞으로는 장사가 잘되는 곳과 선호 업종이 지금보다 빠르게 수시로 변할 것이다. 잘되는 곳과 안되는 곳의 격차가 더 벌어질 수 있기 때문에 상가 시장에도 양극화가 심화될 것으로 보인다. 가급적 자영업 전반에 대한 이해를 키우고, 상권 분석을 마친 후에 상가 시장에 진입하기 바란다.

떠오르는 수익형 부동산 지식산업센터 투자

그렇다면 지식산업센터 투자는 어떨까? 지식산업센터의 가장 큰 장점은 상가와 마찬가지로 산업과 밀접한 연관이 있기 때문에 앞으로도 정부가 대출을 규제하기 어렵다는 점이다. 아주 좋은 틈새시장임은 분명하다. 하지만 전반적으로 산업이 위축되면 공실 위험이 커지고, 가격도 일반적으로 5억~6억 원대여서 대출 이자에 대한 리스크가 크다는 단점이 있다. 매매가격 하락에 대한 부담감 역시 크다.

지식산업센터가 신흥 수익형 부동산으로 떠오르면서 공급이 많아지고 있다. 지식산업센터 승인 건수도 역대 최다 건수를 경신한 것으로 나타났다. 아직 공급 과잉을 논할 단계는 아니지만 수가 늘

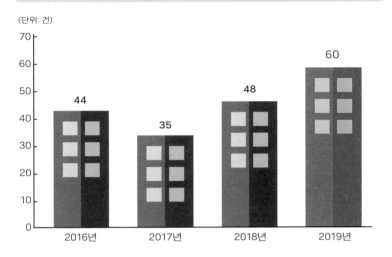

연도별 상반기 지식산업센터 승인 건수

(단위: 건)

- 2016년: 44
- 2017년: 35
- 2018년: 48
- 2019년: 60

자료: 한국산업단지공단

어나는 만큼 보다 나은 입지와 인프라 등을 고려할 필요는 있다.

2018년 3월 22일 산업통상자원부가 산업단지 내 지식산업센터에 주거용 오피스텔 입주를 허용한 점도 투자에 유리하게 작용했다. 지식산업센터 내 오피스텔이 들어서면 퇴근 후에도 유동인구가 늘어날 것이고, 지역 경제가 활성화되면 안정적인 임대수익을 확보하는 데 크게 기여할 것이다.

옥석을 잘 가린다면, 특히 주변 기업들과의 상호 접근성을 적절히 잘 따진다면 실패할 가능성을 줄일 수 있을 것이라 예상한다. 대출 규제를 피해 투자 이익을 극대화하고 싶은 투자자라면 지식산업센터에도 관심을 가질 만하다.

토지 투자에 대한
환상을 버리자

정상적인 토지를 거래하고 싶다면 최소한 그 토지가 소재한 현지 부동산 3~4곳을 돌아보고 결정하기 바란다.

많은 사람들이 토지 투자에 대한 환상을 갖고 있다. 어디 어디에 땅을 샀는데 대박이 났다는 이야기를 주변에서 자주 듣기 때문이다. 언론에서도 자주 다루는 이슈이기도 하다. 그도 그럴 것이 불모지였던 지역이 개발되면서 땅값이 10배, 100배씩 오르는 경우가 종종 있다. 로또가 따로 없는 대박이다.

대대로 농사를 짓다가 그 농토가 개발되면서 개발보상금으로 몇십억 원을 받은 농부의 이야기도 우스갯소리처럼 흘러나온다. 부자가 되었지만 계속해서 농사를 짓고 있고, 개발보상금으로 산 외제차 트렁크에 쟁기, 호미 등 농기구들을 가득 채워 넣어 다닌다고 한다. 이렇게 땅이 개발되어 벼락부자가 되었다는 이야기가 주변에서 자주 들리기 때문에 토지 투자에 대한 환상을 가진 사람들이 많다. 하지만 토지 투자는 생각만큼 쉽지 않고 위험성도 크다.

단기 투자가
어려운 토지

결론부터 이야기하자면 단기간 내에 돈을 벌기 원한다면 토지 투자는 하지 않는 게 좋다. 물론 앞으로 개발 인근 지역과 향후 개발 호재가 있는 지역의 땅값은 오를 것이다. 정말 운이 좋으면 단기간에도 큰돈을 벌 수 있다. 무엇보다 토지 시장은 가격이 잘 안 떨어지고 변동성도 적다. 경제 위기가 찾아와도 가격이 크게 흔들리지 않는다. 정확히는 변동이 없다기보다 매매 자체가 잘 이루어지지 않아서 안전하다는 인식이 강하다.

지난 25년간 땅값이 어떻게 변했는지 살펴보면 변동성이 적다고 이야기한 이유를 알 수 있다. 지가는 1997년 IMF 외환위기와 2008년 글로벌 금융위기를 겪은 해를 제외하고는 매년 한 자릿수씩 상승했다. 그러나 토지는 매매가 빈번하지 않다. 가격이 잘 떨어지지 않는 대신 변동성이 적어 일확천금을 노린다면 꽤 오랜 시간이 필요하다.

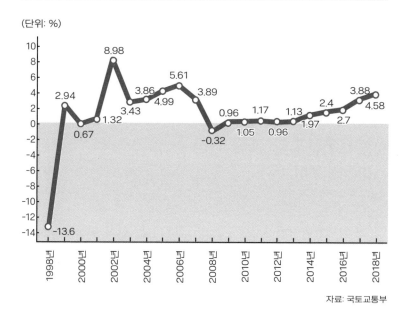

연간 지가 상승률

(단위: %)

자료: 국토교통부

지금 대박이 난 토지는 최소 10년, 20년, 30년 전에 산 땅들이다. 과거에 샀기 때문에 그만큼 싸게 산 것이고 시간이 흘러 가격이 크게 오른 것처럼 보일 뿐이다. 땅으로 대박이 난 사람들은 보통 본인이 아니라 부모님 혹은 조부모님이 산 땅인 경우가 많고, 단기간에 돈을 번 사람은 거의 없다.

자신이 산 땅의 가격이 큰 폭으로 올라 대박이 나려면 그만큼 긴 시간이 필요하다. '나'보다는 자식이나 손주가 덕을 볼 가능성이 크다. 만약 토지 투자를 하고 싶다면 자신이 아닌 후손에게 수혜를 준다는 마음으로 해야 한다.

수년 전 필자에게 당진에 있는 땅 몇 군데의 상담을 의뢰한 분이 있었다. 나이가 지긋한 어르신이었는데, 그분이 선택한 땅은 절대농지(어떠한 경우에도 농지 이외의 목적으로 사용할 수 없는 땅)였기 때문에 당장은 개발이 힘든 곳이었다. 개발하기 어려움에도 불구하고 왜 그 땅을 사는지 조심스럽게 여쭤보았다.

"나도 조상 덕을 봐서 이렇게 살고 있는데, 내 손주들에게도 조상 덕을 보여줘야 하지 않겠소?" 하는 그의 말이 참 많은 생각을 하게 했다. 그는 조상 대대로 잠실 일대에서 농사를 지으며 살아왔다고 한다. 그런데 잠실 일대가 개발되면서 많은 보상금을 받게 되었고, 덕분에 풍요를 누릴 수 있었다. 그 덕을 손주들에게도 주고 싶다고 했다. 다시금 '토지 투자는 후손을 위한 장기 투자'라는 깨달음을 얻은 대화였다.

기획부동산에
속지 말자

토지 투자에 대한 환상을 버리지 못하는 사람들이 가장 주의해야 할 건 바로 기획부동산 사기다. 상담을 했던 많은 분들이 기획부동산에 속아 잘못된 땅을 샀다는 고충을 토로했다. 기획부동산은 개발이 되지 않은 땅을 싸게 매입해 분할한 뒤 잘게 쪼개 팔거나,

지분으로 나눠 판매하는 수법을 쓴다.

도심과 인접한 땅이라 금방이라도 개발될 것처럼 보이지만 개발제한구역, 상수원보호구역 등으로 묶여 있어 개발이 쉽지 않은 경우가 많다. 일반적으로 당장 건물을 올릴 수 있는 대지, 길이 이어져 있는 대지는 가격이 수억 원은 우스울 정도로 비싸다. 하지만 개발이 어려운 땅은 비교적 저렴하기 때문에 선량한 투자자들을 유혹하기 쉽다.

많은 사람들이 토지 투자로 대박을 꿈꾼다. 당장 쓸 몇억 원은 없어도 몇천만 원은 가지고 있기 때문에 소액으로 대박을 노릴 수 있다고 하니 마음이 혹한다. 그 마음의 틈을 뚫어 현혹시키는 게 기획부동산의 수법이다.

기획부동산에 속아서 산 땅은 심지어 영원히 팔 수 없을지도 모른다. 팔리지도 않는 땅 때문에 매년 재산세를 내야 한다면 얼마나 기가 막힌 일인가? 심지어 자녀들에게 상속되면 매년 내야 하는 세금만 늘어나는 셈이다. 자녀를 위해서라도 이런 투자는 절대 해서는 안 된다.

'누가 저런 수법에 당해?'라고 생각할 수도 있다. 하지만 2018년 7~10월 토지 실거래가 신고가 이뤄진 약 18만여 건에 대한 분석 자료를 보면 그 심각성을 알 수 있다. 전국 거래량 17만 9천여 건 중 8.1%에 달하는 1만 4,529건이 기획부동산을 통해 거래된 것으로 추정되며, 피해금액은 약 3,665억 원에 달한다.

2018년 7~10월 주요 지역별 기획부동산 거래 추정 건수

지역	실거래가 신고건수	기획부동산 거래 추정 건수	기획부동산 거래 추정 비율
전국	17만 9,118건	1만 4,529건	8.1%
세종	2,851건	1,500건	52.6%
울산	2,352건	568건	24.1%
경기	4만 5,487건	8,214건	18.1%
서울	1,709건	255건	14.9%
일천	4,545건	489건	10.8%
강원	1만 4,842건	1,138건	7.7%
제주	4,468건	332건	7.4%

자료: 밸류맵

기획부동산에 속지 않는 간단한 방법은 해당 토지의 지번을 통해 토지이용계획확인원을 조회해보는 것이다. 토지이용계획확인원에는 해당 토지의 용도와 개발제한구역 여부 등이 나와 있기 때문에 이 땅이 향후 개발될 수 있는 땅인지, 공법상 개발이 불가능한 땅인지 확인할 수 있다. 그리고 토지이용계획확인원에 나와 있는 공시지가를 통해 해당 토지의 적정 가치를 평가하는 것도 중요하다. 공시지가는 낮은데 땅값이 비싸다면 그만큼 가치가 부풀어져 있다는 뜻이다.

마지막으로 기획부동산의 물건이 아닌 정상적인 토지를 거래하고 싶다면 최소한 그 토지가 소재한 현지 부동산을 3~4곳 정도 돌아보고 결정하기 바란다. 토지에는 적지 않은 돈이 들어간다. 급할 필요 없다. 신중을 기해 물건을 살펴본 뒤 판단해도 늦지 않다. 무엇보다 토지 투자를 권유하는 기획부동산의 꼬임에 말려들지 않는 게 최선이다. 잘 모르겠다면 믿을 만한 전문가와 상의하는 것도 좋은 방법이다.

최고의 수익형 부동산, 오피스텔

내집마련 전 단계에 있는 세입자들이 오피스텔을 마다할 이유가 없다. 1인 가구는 앞으로도 계속해서 증가할 것이다.

역세권 오피스텔의 신규 입주 단지들을 보면 '과연 이 많은 세대에 사람들이 다 들어올까?' '공실이 나지 않을까?' 생각하게 된다. 필자는 개인적으로 2009년부터 오피스텔 투자를 꾸준히 이어오고 있다. 위험할 수 있다는 세간의 우려와 달리 오피스텔의 가장 큰 장점은 투자 원칙만 잘 지키면 공실 걱정이 없다는 것이다.

근 10년 동안 오피스텔 투자를 하면서 공실로 고생한 적은 단한 번도 없었다. 물론 어떤 오피스텔에 투자하는지에 따라 공실 여부는 달라질 수 있다. 하지만 몇 가지 투자 원칙을 지키고 옥석을 잘 가린다면 상가나 지식산업센터보다 공실 걱정이 훨씬 덜하다.

비교적 안전한
오피스텔 투자

오피스텔이 상가나 지식산업센터보다 상대적으로 공실 걱정이 덜한 이유는 무엇일까? 오피스텔은 업무용으로 쓰이면서 주거용으로도 쓰일 수 있기 때문이다. 최근 마트, 편의점, 음식점, 술집 등에서 1인 가구를 겨냥한 상품들이 쏟아져 나오고 있다. 예를 들면 소량 묶음 상품이나 혼자 먹을 수 있는 메뉴, 혼자 먹을 수 있는 술집 등이 대표적이다.

앞으로도 1인 가구는 계속 증가할 것이다. 지방에서 거주하다 서울에 있는 대학에 다니게 되면 수도권으로 이사를 와야 한다. 혹은 일자리 때문에라도 서울 근교로 이사를 오게 되는 경우가 많다. 부모의 간섭 없이 혼자 살고자 하는 사람들도 늘고 있다. 이런 젊은 층이 오피스텔의 주된 수요층이다.

수도권의 집값과 임대료가 워낙 비싸기 때문에 혼자 월세를 감당하며 무난하게 살 곳을 찾아야 한다. 요즘은 고시원이라고 해서 가격이 저렴한 것도 아니다. 서울 고시원에서 월 30만 원대 방은 보기도 힘들고, 그나마 40만~50만 원대는 잡아야 창문 하나라도 있는 방을 쓸 수 있다. 하지만 공동생활을 해야 하는 고시원은 불안하고 불편하다. 특히 보안에 신경 써야만 하는 여성에게 고시원은 최악의 선택지다. 결국 대안은 오피스텔이다.

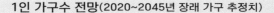

1인 가구수 전망(2020~2045년 장래 가구 추정치)

(단위: 만 명)

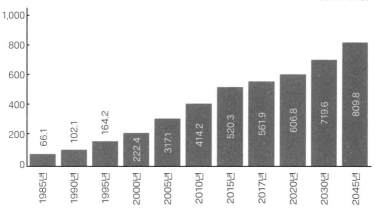

자료: 통계청, 보건복지부

오피스텔은 일반적으로 현관 보안 시설이나 방범 CCTV를 잘 갖추고 있어 보안이 좋다. 오피스텔의 또 다른 장점은 필요한 가전제품이 기본 옵션으로 들어가 있어 몸만 들어와도 된다는 점이다. 혼자 사는 사람이 에어컨, 세탁기, 냉장고 등을 구비해서 이사할 때마다 들고 다니기는 쉽지 않다. 그래서 최소한의 가전제품이 옵션으로 있는 오피스텔은 1인 가구가 살기에 편리하다.

신혼부부들에게도 오피스텔은 메리트가 있다. 내집마련 직전에 임시로 거주할 수 있는 곳이기 때문이다. 공부상 업무용 오피스텔은 건축법상 주택으로 간주되지 않기 때문에 청약 시 무주택 자격을 유지할 수 있다. 따라서 오피스텔을 직접 매입해 거주하더라도 청약에서는 무주택 자격이 유지된다. 갖고 있는 예산에 맞춰 오피스텔을 직접 매입해 신혼살림을 차리고, 목돈을 모은 후 청약을 노리는 신혼부부들이 많다.

무엇보다 신규 입주하는 오피스텔은 초기 임대료가 상당히 저렴하다. 물량이 한꺼번에 풀리면 서울의 고시원과 임대료 차이가 크지 않다. 고시원과 가격 차이가 크지 않다면 굳이 고시원에 갈 필요가 없어진다. 특히 신규 오피스텔은 옵션으로 포함된 가전제품을 세입자가 처음으로 사용할 수 있다는 장점도 있다.

설사 교통이 불편한 지역이라 하더라도 신규 오피스텔이 들어서면 저렴한 임대료와 새 가전제품 때문에 멀리서도 입주하려고 오는 사람들이 많다. 더군다나 신규 오피스텔의 주인들은 주택임대사업자에 등록한 경우가 많아 임대료도 매년 5% 이상 오르지 않는다.

이러한 장점들을 봤을 때 내집마련 전 단계에 있는 세입자들이 오피스텔을 마다할 이유가 없다. 1인 가구는 앞으로도 계속해서 증가할 것이다. 부모에게 경제적으로 의존하는 20~30대의 젊은 캥거루족이 매년 늘고 있다고 하지만, 1인 가구의 증가 추이보다는 덜하다. 세대 분화, 가구 소핵화는 거스를 수 없는 대세가 되었다. 따라서 오피스텔은 꾸준히 인기 있을 것이며 투자 전망도 좋다. 무엇보다 오피스텔은 소액으로도 투자가 가능하기 때문에 자본금이 충분하지 않은 투자자라면 관심을 가질 만하다.

물론 주의해야 할 부분도 있다. 오피스텔은 공급 평수를 따져 관리비가 부과되기 때문에 동일한 면적의 아파트에 비해 관리비가 높을 수 있고, 취득세도 4.6%에 달한다. 6억 원 이하 전용면적 85m² 주택의 취득세가 1.1%인 점을 감안하면 차이가 꽤 크다. 하지만 아파트에 비해 매매가격이 저렴하기 때문에 충분히 좋은 투자처다. 구체적인 오피스텔 투자 전략은 뒤에서 다시 다루도록 하겠다.

내집마련은
빠를수록 좋다

20대 D군의
투자 후기

2019년 2월, 저는 생애 첫 '내집마련'에 성공했습니다. 그로부터 불과 1년도 지나지 않았지만 현재는 매입할 당시보다 해당 아파트 시세가 크게 올랐습니다. 전셋값도 동반 상승해 최근 전세 재계약을 진행하면서 세입자와 보증금도 상향하기로 합의했습니다. 그 결과 투자금의 일부도 회수할 수 있게 되었습니다.

제가 아파트를 계약할 당시만 해도 정부의 규제로 부동산 시장 분위기가 좋지 않았습니다. 소위 부동산 전문가라고 자칭하는 사람들이 연일 매스컴을 통해 부동산 폭락론을 주장했고, 부동산은 끝났다며 동조하는 사람들이 온라인과 오프라인에 넘쳐났습니다. 분위기에 편승한 가까운 지인 몇몇도 제가 아파트 투자를 하겠다고 하자 만류할 정도였으니까요.

하도 그런 이야기를 자주 듣다 보니 오랜 고민 끝에 결정한 투자였는데도 '꼭지에서 집을 샀나?' 하는 막연한 불안감이 생기기도 했습니다. 하지만 부동산 투자 경험이 전무한 지인들이나 뉴스를 그대로 믿고 걱정하는 사람들에게 휩쓸릴 필요가 없다고 생각했습니다. 불과 1년도 지나지 않아 상황은 역전되었지요. 당시에 저를 걱정하던 사람들이 이제는 저를 부러운 눈길로 바라봅니다. 따지고 보면 거의 한 달에 1천만 원씩 오른 셈이니까요.

'부동산은 끝났다.' '이제 오를 수 없다.' '부동산 투자는 위험하다.'라고 생각할 수 있습니다. 하지만 굳이 투자 목적이 아니더라도 우리는 내집마련을 위해 반드시 부동산을 사고파는 과정을 거쳐야 합니다. 월세를 살든, 전세를 살든, 자가를 구입하든 부동산을 외면하고 살 수는 없습니다.

혹시 아직까지 부동산 투자를 어렵다고 여겨 망설이는 분들이 있다면 저의 경험으로 용기를 얻기 바랍니다.

5장

실전 부동산 투자 ①
내집마련이 먼저다

시나리오 1.
가점 높은 무주택자

본인의 청약 가점을 계산해보고 점수에 따라 전략을 달리 해야 한다. 청약으로 내집마련을 하는 경우 본인이 특별공급 대상자인지 파악해야 한다.

부동산 투자를 시작하겠다고 마음먹었다면 시장에 대한 전망도 중요하지만, 우선 본인에게 맞는 전략을 어떻게 구사해야 할지부터 고민해보는 게 좋다. 이번 장에서는 미래에 대한 예측을 가지고 어떻게 본인의 상황에 맞춰 올바른 투자 전략을 세워야 하는지 이야기해보겠다. 특히 '내집마련'을 중심에 두고 4가지 시나리오를 준비했다. 평생 전월세만 전전하며 살고 싶은 사람은 아무도 없다. 설사 부동산 투자에 부정적인 사람이라 할지라도 "최소한 자신이 살 집은 필요하다."라는 말에는 이견이 없을 것이다. 이번 장을 통해 내집마련에 한 걸음 더 다가서기 바란다.

무주택자에게
기회가 왔다

현재 부동산 정책은 무주택자에게 굉장히 유리하다. 대출 규제의 영향도 유주택자보다 덜 받고 있다. 다주택자들은 기존 주택을 매도한다는 조건하에 신규 주택 가격의 40%까지만 대출이 나오지만, 무주택자들은 신규 주택의 60%까지 대출이 가능하다. 물론 본인의 신용도와 소득에 따라 비율은 달라지지만 최고 한도가 60% 가량 된다. 따라서 무주택자들이 신규 아파트를 사거나 분양받기에 최적의 환경이 조성되었다. 무주택자에게는 내집마련을 할 기회가 온 셈이다.

무주택자는 신규 분양에서도 유리하다. 정부 정책으로 서울 전용면적 85m² 이하 주택은 100% 가점제로 바뀌었다. 따라서 가점이 높은 무주택자들에게는 지금이 서울 아파트를 신규 분양받을 수 있는 최적의 타이밍이다. 분양가도 주택도시보증공사(HUG)에 의해 인근 시세보다 낮게 책정되기 때문에 당첨만 되면 '로또분양'이라는 이야기가 나온다. 따라서 본인이 무주택자이고, 청약 가점이 높다면 청약을 노리는 게 유리하다.

본인의 청약 가점을 계산해보고 점수에 따라 전략을 달리 해야한다. 서울 등 핵심 지역은 가점이 최소 60점 이상은 되어야 그나마 당첨 가능성을 타진할 수 있다. 물론 운이 좋다면 가점이 50점대라

청약 가점 계산표

항목	구분	점수	구분	점수
① 무주택 기간 (32점)	1년 미만	2	8년 이상~9년 미만	18
	1년 이상~2년 미만	4	9년 이상~10년 미만	20
	2년 이상~3년 미만	6	10년 이상~11년 미만	22
	3년 이상~4년 미만	8	11년 이상~12년 미만	24
	4년 이상~5년 미만	10	12년 이상~13년 미만	26
	5년 이상~6년 미만	12	13년 이상~14년 미만	28
	6년 이상~7년 미만	14	14년 이상~15년 미만	30
	7년 이상~8년 미만	16	15년 이상	32
② 부양가족 수 (35점)	0명	5	4명	25
	1명	10	5명	30
	2명	15	6명 이상	35
	3명	20		
③ 청약저축 가입 기간 (17점)	6개월 미만	1	8년 이상~9년 미만	10
	6개월 이상~1년 미만	2	9년 이상~10년 미만	11
	1년 이상~2년 미만	3	10년 이상~11년 미만	12
	2년 이상~3년 미만	4	11년 이상~12년 미만	13
	3년 이상~4년 미만	5	12년 이상~13년 미만	14
	4년 이상~5년 미만	6	13년 이상~14년 미만	15
	5년 이상~6년 미만	7	14년 이상~15년 미만	16
	6년 이상~7년 미만	8	15년 이상	17
	7년 이상~8년 미만	9		
④ 감점	• 2주택 이상 소유한 세대는 1순위 청약 제한되고, 　2순위에서 가점제로 신청 시 각각의 주택마다 5점씩 감점 • 60세 이상 직계존속이 2주택 이상 소유한 경우 1주택 　초과 시마다 5점씩 감점			

청약 가점=①+②+③+④

2019년 1~8월 서울 주요 단지별 평균 당첨 가점

시기	지역	단지	최고 가점	최저 가점	평균 가점
1월	광진구	e편한세상광진그랜드파크	39	14	22
2월	서대문구	홍제역해링턴플레이스	65	48	53
4월	강남구	디에이치포레센트	65	53	58
	송파구	송파위례리슈빌퍼스트클래스	75	71	72
5월	서초구	방배그랑자이	67	42	50
7월	서초구	서초그랑자이	73	68	70
	동대문구	청량리역롯데캐슬SKY-L65	70	55	59
8월	강서구	등촌두산위브	63	55	58

자료: 부동산114, 금융결제원

고 하더라도 간혹 핵심 지역에 당첨되는 경우도 있다. 하지만 운만 믿고 청약을 노릴 수는 없기 때문에 50점대라면 두 가지 선택지 중 하나를 선택해야 한다. 계속해서 무주택을 유지하면서 청약을 노릴 것인지, 아니면 지금이라도 시기를 잘 저울질해서 급매로 내집마련을 할 것인지 말이다.

이 부분은 개개인의 투자 성향이 다 다르기 때문에 필자가 어떻게 하라고 단정지어 말할 수 없다. 자녀의 학군, 청약을 노리는 지역, 자금 여력 등이 다 다르기 때문이다. 하지만 중요한 건 본인이 최소 60점 이상의 가점을 갖고 있다면 청약통장을 활용해서 내집마련을 하는 게 가장 좋은 전략이라는 점이다.

2019년 1~8월 서울 주요 단지별 평균 당첨 가점을 보면 운이 좋아 낮은 가점으로 당첨된 경우도 있지만, 평균 가점이 70점에 달하는 단지도 보인다. 물론 1월 서울 광진구 e편한세상광진그랜드파크는 최저 가점이 14점에 불과했다. 하지만 이는 당시 분양가가 3.3m²당 3,370만 원으로 주변 시세에 육박했기 때문으로 보인다.

특별공급 대상에
해당되는지 확인하자

청약으로 내집마련을 하는 경우 본인이 특별공급 대상자인지부터 파악해야 한다. 최근 상담했던 어떤 회원은 본인이 자녀가 3명이기 때문에 '3자녀 특별공급'에 해당된다는 사실을 알지 못하고 있었다. 또 어떤 군인 회원은 10년 이상 장기 복무해 '기관추천 특별공급'에 해당되었지만 이 역시 인지하지 못하고 있었다. 특별공급 대상자에 해당되면 보다 수월하게 내집마련이 가능하다.

특별공급은 일반공급보다 내집마련이 유리하기 때문에 본인이 대상자인지 아닌지부터 따져봐야 한다. 청약으로 내집마련을 하고자 한다면 생각보다 많은 공부가 필요하다. 입주자 모집공고를 꼼꼼히 확인하고, 본인이 원하는 지역을 먼저 추려야 한다. 신규 청약을 하고자 하는 아파트에서 입주자 모집공고가 나오기 전에 자격

아파트 특별공급 청약 조건

구분	기관 추천	신혼 부부	다자녀 가구	노부모 부양	생애 최초 주택 구입
국민 주택 등	○	○	○	○	○
민영 주택	○	○	○	○	X
청약 통장	필요 (6개월), 장애인· 철거민· 유공자 제외	필요 (6개월)	필요 (6개월)	필요(1순위), 수도권 12개월, 지방 6~12개월	필요(1순위), 수도권 12개월, 지방 6~12개월
대상 주택	전용면적 85m² 이하 (분양)	전용면적 85m² 이하 (분양, 임대)	국민주택, 민영주택	국민주택, 민영주택	국민 주택 등
선정 방법	관련 기관의 장이 정하는 우선순위	1, 2순위 (동점자 추첨)	가점제 (동점자 추첨)	가점제 (동점자 추천)	추첨제

자료: 부동산114

요건을 만족해야 하기 때문에 사전에 모든 준비가 완료되어야 한다. 미리 과거에 유사한 아파트 입주자 모집공고를 참고해 자격 요건을 따져보고 준비하도록 하자.

시나리오 2.
가점 낮은 무주택자

무조건 핵심 지역 청약을 노리는 건 어리석은 일이다. 50점 이하라면 요행을 바라지 말고 과감히 다른 전략을 써야 한다.

청약 가점이 높지 않다면 어떻게 해야 할까? 무조건 핵심 지역 청약을 노리는 건 어리석은 일이다. 50점 이하라면 요행을 바라지 말고 과감히 다른 전략을 써야 한다. 가점이 낮은 무주택자들 중에도 현금이 많은 사람과 현금이 낮은 사람으로 나뉠 수 있다.

가점이 낮은 무주택자들 중에서 자금이 있는 사람들은 전략적으로 전용면적 85m²를 초과하는 대형 평수를 노리는 것이 좋다. 민영주택 가점제 적용 비율이 8·2 대책으로 바뀌면서 조정대상지역의 경우 전용면적 85m² 이하의 주택은 가점제 비율이 높아졌다. 마찬가지로 전용면적 85m²를 초과하는 주택도 가점제 할당이 30% 높

민영주택 가점제 적용 비율 변화

구분	전용 면적 85m² 이하		전용 면적 85m² 초과	
	개정 전	현행	개정 전	현행
투기과열지구	75%	100%	50%	50%
조정대상지역	40%	75%	0%	30%

아졌다.

가점제는 본인의 청약 가능 여부를 점수로 환산해서 점수가 높은 사람이 청약에 당첨되는 제도다. 반대로 추첨제는 말 그대로 무작위로 청약 당첨자를 가리는 방식이다. 따라서 청약 점수가 낮더라도 운이 좋으면 아파트에 당첨될 수 있었다. 하지만 지금은 과거에 비해 가점제 적용 비율이 더 높아졌기 때문에 가점이 낮은 사람들은 전용면적 85m² 초과 아파트를 노리는 게 좋다. 대형일수록 분양가가 높아 어느 정도 현금은 가지고 있어야 한다.

짜본금이 많다면 대형, 떡다면 비꼬쩡대상지역

서울의 대형 아파트는 2019년 기준으로 강남권이 20억 원대이고, 서울만 하더라도 10억 원대가 넘는다. 그래서 자금이 충분하지 않으면 대형 아파트 분양을 노리기가 쉽지 않다. 하지만 위례신도시 등 택지개발지구는 대형도 분양가가 상대적으로 저렴하기 때문에 가점이 낮다면 노려볼 만하다. 가점도 낮고 자금까지 충분하지 않다면 적극적으로 택지개발지구의 대형을 노리는 것이 좋다.

실제로 최근 상담을 받은 분은 본인이 살고 있는 주택을 매도해 무주택자 자격을 얻었지만 가점이 낮았다. 그래서 힐스테이트위례 대형을 추첨제로 노려 높은 경쟁률을 뚫고 당첨되었다. 확률이 높지는 않지만 적극적으로 추첨제 청약을 노려보는 것도 내집마련을 위한 좋은 전략이다. 청약에서 떨어졌다고 해서 낙심하면 안 된다. 계속해서 관심을 가지고 있다가 좋은 입지에 위치한 아파트가 분양될 때 적극적으로 청약에 임해야 한다.

그럼 청약 가점이 높지 않고 자금도 충분하지 않으면 어떻게 해야 할까? 자금이 많지 않으면 비교적 저렴한 분양가의 아파트를 선택해야 한다. 아무래도 서울 핵심 지역보다는 수도권 지역의 아파트가 저렴하다. 분양가가 저렴한 지역 위주로 청약을 노려야 한다. 또한 그런 지역은 비교적 가점제보다 추첨제 물량이 많다. 따라서 가점이 낮고 자금이 충분하지 않다면 상대적으로 경쟁이 덜한 조정대상지역이 아닌 곳의 청약을 노려야 한다.

그러기 위해서는 현재 정부가 주시하는 핵심 지역이 어디고, 규제를 피해갈 수 있는 지역은 어딘지 파악해야 한다. 현재 조정대상지역은 서울 전역을 포함해 총 39곳이다. 나머지 지역은 대출이나

투기지역·투기과열지구·조정대상지역 현황(2019년 11월 기준)

항목	투기지역 (16곳)	투기과열지구 (31곳)	조정대상지역 (39곳)
서울	강남, 서초, 송파, 강동, 용산, 성동, 노원, 마포, 양천, 영등포, 강서, 종로, 중구, 동대문, 동작	전 지역	전 지역
경기	-	과천, 분당, 광명, 하남	과천, 성남, 하남, 고양 일부, 남양주 일부, 동탄2, 광명, 구리, 안양 동안, 광교지구, 수원 팔달, 용인 수지, 용인 기흥
부산	-	-	-
대구	-	수성	수성
세종	전 지역	전 지역	전 지역

자료: 국토교통부

세금, 청약에 대한 규제가 덜한 편이다. 따라서 가점이 낮고 현금이 많지 않은 투자자라면 전략적으로 이런 조정대상지역이 아닌 곳의 청약을 노릴 필요가 있다.

사람들은 흔히 조정대상지역이 아닌 곳은 집값이 전혀 오르지 않는다고 오인한다. 하지만 규제가 없는 지역도 옥석을 잘 고른다면 충분히 오를 만한 곳을 찾을 수 있다. 그런 지역의 청약은 적은 돈으로도 당첨될 수 있기 때문에 적극적으로 청약을 시도해봐야 한다.

특히 조정대상지역이 아닌 곳은 거주하지 않고 2년만 보유하더라도 1가구 1주택 비과세를 적용받을 수 있기 때문에 절세 면에서 유리하다. 조정대상지역과 달리 청약 재당첨 제한이 3년으로 짧고, 분양권 전매 제한도 6개월에 불과하다. 서울 핵심 지역과 가깝고 입지가 좋은 비조정대상지역에 투자한다면 실패하지 않을 것이다.

시나리오 3.
1주택의 유주택자

원칙적으로 내집을 먼저 팔고 갈아타는 게 자금적인 면에서 안전하지만, 경우에 따라서는 먼저 이사 갈 집을 사고 보유하고 있던 집을 늦게 팔아야 유리한 때도 있다.

1주택의 유주택자도 원칙적으로 공공 분양이 아니라면 민간 분양 1순위 청약이 가능하다. 하지만 가점이 낮기 때문에 서울과 조정대상지역은 당첨 가능성이 낮다. 따라서 청약으로 새 아파트에 입주하고자 한다면 전용면적 85m² 초과 대형 아파트를 노리는 게 좋다. 추첨제라면 충분히 가능성이 있다.

자본금이 많지 않다면 비조정대상지역의 청약도 노릴 만하다. 특히 비조정대상지역의 아파트 청약은 세대주뿐만 아니라 세대원도 1순위 청약이 가능하기 때문에 청약통장이 있다면 부부가 각각 청약을 넣을 수 있다. 경쟁률도 조정대상지역보다 덜해 당첨 확률이 높은 편이다. 물론 비조정대상지역은 지뢰밭도 있기 때문에 철저한 입지 분석과 임장, 분양가 및 주변 인프라 체크, 교통 노선 계획 등 꼼꼼히 살펴볼 사항이 많다.

시장 분위기를 잘 살펴야 한다

실거주 목적이라면 아무래도 인프라가 덜 갖춰져 있는 신규 단지보다는 인프라가 잘 갖춰져 있는 서울 지역 아파트를 노리는 경우가 많다. 청약이 아닌 1주택자가 갈아타기를 하고자 한다면 시장 분위기를 잘 살펴봐야 한다. 원칙적으로 내집을 먼저 팔고 갈아타는 게 자금적인 면에서 안전하지만, 경우에 따라서는 먼저 이사 갈 집을 사고 보유하고 있던 집을 늦게 팔아야 유리한 때도 있다.

집값이 바닥을 치고 오르는 시기에는 사려고 하는 주택을 먼저 발 빠르게 구입해야 한다. 최근 상담을 받은 한 분은 시장의 흐름을 잘 읽어 마곡지구 전용면적 59m² 아파트에서 전용면적 84m²로 성공적으로 갈아탔다. 시장을 잘 주시하고 있다가 전용면적 84m²가 급매로 시세보다 저렴하게 나오자 먼저 가계약금을 걸었고, 잔금을 치르기까지의 기간을 가급적 길게 잡았다.

이후 시장 상황이 좋아지자 잔금일까지 아파트 가격이 오르기 시작했고, 당연히 본인이 거주하고 있던 전용면적 59m²도 함께 올랐다. 잔금일까지 타이밍을 잘 맞춰 값이 오른 본인의 아파트를 팔고 잔금을 치렀는데, 덕분에 전용면적 84m²를 사는 데 1억 원밖에 들지 않았다. 원래는 두 아파트의 시세 차이가 2억 원 정도였기 때문에 1억 원을 아끼고 큰 평수로 잘 갈아탄 케이스다.

만약 자금이 충분했다면 본인이 보유하고 있던 전용면적 59m² 아파트를 팔지 않고 전세를 내준 뒤, 전세금에 본인의 자금을 얹어 전용면적 84m²를 샀을 것이다. 기존 주택에 전세를 놓고 신규 아파트를 살 정도로 여유자금이 있었다면 부동산 상승기에 2채의 아파트가 모두 오르는 효과를 볼 수 있다. 물론 이 경우에는 세법상 일시적 1가구 2주택이 되기 때문에 2년 이내에 기존 주택인 전용면적 59m² 아파트를 매도해야 한다. 2년 안에만 매도하면 9억 원까지는 비과세 혜택을 받을 수 있어 이익을 극대화할 수 있다.

반대로 자금이 부족하고 시장이 좋지 않을 때 사려고 하는 아파트를 무턱대고 구입했다가는 기존 주택이 팔리지 않아 큰 낭패를 볼 수 있다. 따라서 신규 주택을 구입하고자 할 때는 현재 부동산이 바닥을 치고 오르는 단계인지, 아니면 더 하락하고 있는지 판단하고 결정을 내려야 한다. 기존 주택이 잘 팔리는지, 혹은 신규 주택도 급매가 맞는지 다각적으로 분석하고 결정할 필요가 있다.

가장 안전한 방법은 기존에 살고 있던 주택을 매매하는 시기에 본인이 옮기고 싶은 주택을 계약하는 것이다. 이렇게 바로 계약하기 위해서는 기존 주택을 팔기 전에 미리미리 새로 이사 갈 지역의 아파트 시세를 체크하고, 급매물과 매물의 전반적인 동향을 살펴봐야 한다. 결국 자금 계획을 꼼꼼히 세우고 부동산 시장의 흐름을 모니터링하는 것이 중요하다. 팁을 주자면, 항상 강남 집값이 먼저 오르고 이후에 서울 핵심 지역이 오른다는 것을 기억하자.

시나리오 4.
2주택 이상 다주택자

9·13 대책 이후에 취득한 주택은 주택임대사업자 등록을 통해 얻을 수 있는 세제 혜택이 크게 없어 경우의 수를 잘 따져야 한다.

일시적 1가구 2주택이 아닌 2주택 이상의 다주택자라면 기존 주택을 팔고 똘똘한 한 채로 갈아탈 것인지, 아니면 아예 다른 전략으로 접근할 것인지 선택을 해야 한다. 정부의 세금 및 대출 규제로 인해 조정대상지역에 여러 채를 보유하고 있으면 세제 혜택을 받을 수 없게 되었다.

9·13 대책 이전에 산 주택이라면 그나마 주택임대사업자 등록을 통해 절세가 가능하지만, 9·13 대책 이후에 취득한 주택은 주택임대사업자 등록을 통해 얻을 수 있는 세제 혜택이 크게 없어 경우의 수를 잘 따져야 한다. 여기서 주의할 점은 양도소득세 감면을 위

해 최장 10년간 주택을 팔지 못하기 때문에 매물이 사라지는 잠김 현상이 나타날 수도 있고, 개인도 최장 10년간 주택을 팔 수 없다는 점을 인지해야 한다는 것이다.

경우의 수를
잘 따져야 한다

문제는 9·13 대책 이후 신규로 주택임대사업자를 등록한 다주택자들이다. 9·13 대책 이후의 조정대상지역 내 다주택자들은 주택임대사업자 등록을 하더라도 2주택은 '일반 세율 + 10%', 3주택은 '일반 세율 + 20%'의 양도소득세를 내야 한다. 조정대상지역이라면 집값이 오른다 하더라도 양도소득세를 감안하면 투자 이익이 현저히 감소한다.

무엇보다 종합부동산세 대상에도 포함되기 때문에 조정대상지역 내 다주택자라면 공시지가 상승과 종합부동산세 상승으로 보유세 부담이 만만치 않다. 그래서 최근 투자자들이 똑똑한 한 채로 갈아타는 전략을 쓰는 것이다. 현재는 조정대상지역 내 10억 원짜리 2채를 보유하는 것보다 20억 원짜리 1채를 보유하는 전략이 절세 측면에서 훨씬 유리하다. 주택임대사업자 등록을 장려하던 현 정부가 9·13 대책으로 되레 주택임대사업자에 대한 혜택을 축소하면서

9·13 대책으로 인한 주택임대사업자 혜택 축소

9월 14일 이전	구분	9월 14일 이후
조정대상지역 8년 장기 임대 중과제 제외	양도세 중과	1주택 이상 중과
8년 장기 임대 등록 주택은 비과세(합산 배제)	종부세 과세	1주택 이상 합산 과세
전용면적 85m² 이하 임대주택	양도세 감면	수도권 6억 원, 비수도권 3억 원 이하 주택
LTV 60~80%	대출 규제	LTV 40%
대상 규제 없음	주택담보 대출 대상	규제 지역 고가 주택(9억 원 초과) 금지, 투기지역 내 주택 취득 목적의 추가 주택담보대출 금지

혼란이 가중되었다.

아니면 보유 주택의 수를 줄이기 위해 증여를 택하는 방법도 있다. 합법적인 선에서 다주택을 성인이 된 자녀에게 증여해 세대 분리로 보유 주택의 수를 줄이는 방법도 생각해볼 수 있다. 최근 고위 공직자들도 갖고 있는 다주택을 자녀에게 증여해 사회적인 물의를 일으킨 적이 있다. 합법적으로 자녀에게 증여했다지만 국토부장관 후보자가 지명 전에 다주택을 자녀에게 증여한 행위가 적절하지 않다는 여론이 형성되었다.

9·13 대책 이후 2019년 1월 서울 25개 자치구 중 전체 거래에서 증여 거래의 비중이 가장 높은 구는 영등포였다. 영등포의 증여

9·13 대책 이후 급증한 증여 거래 비율

구분	2018년 10월	2018년 11월	2018년 12월	2019년 1월
영등포	17%	43%	13%	61%
송파	5%	32%	37%	53%
마포	21%	37%	21%	49%
용산	9%	9%	9%	41%

자료: 한국감정원

거래 비율은 61%에 달했고, 송파(53%)·마포(49%)·용산(41%) 등이 그 뒤를 이었다. 이들 지역의 2018년 10~12월 증여 거래 비율과 비교해보면 큰 변화라는 것을 알 수 있다.

잠김 현상도 나타났다. 서울시 부동산정보광장 통계에 의하면 9·13 대책 발표 후 매매 거래 자체가 줄어들었다고 한다. 2018년 10월 1만 건 넘게 신고되었던 서울 아파트 매매 거래는 11월에 3,543건으로 줄어들었고, 12월에는 2,296건, 2019년 1월이 되자 1,877건이 되었다. 어차피 규제를 해도 서울 아파트는 오를 수밖에 없다는 심리가 깔려 있어 팔기보다는 증여로 버티기에 들어간 것이다. 실제로 이후 서울 집값의 움직임을 보면 그들의 선택이 틀리지 않았다는 걸 알 수 있다. 잇따른 규제책에도 불구하고 서울 집값은 흔들리지 않았다.

비조정대상지역도
노려볼 만하다

또 다른 전략은 비조정대상지역 내 여러 주택을 보유하는 전략이다. 아직까지 비조정대상지역의 주택은 양도소득세 중과 대상에 해당되지 않는다. 2주택, 3주택, 4주택을 보유한다 하더라도 일반 세율만 적용되는 것이다.

따라서 자본금이 크지 않다면 비조정대상지역 중 향후 유망한 지역과 단지를 잘 선별해 주택의 수를 늘리는 전략을 고려해볼 수 있다. 무엇보다 비조정대상지역에 있는 아파트는 가격이 높지 않아 소액으로도 투자가 가능하다. 여유가 있다면 당연히 서울 핵심 지역 아파트를 사는 게 좋지만, 사실 평범한 월급쟁이가 저축만으로 서울에 있는 아파트를 사기란 불가능에 가깝다. 서울에 내집마련을 하고자 하는 사람이라면 비조정대상지역 내에서 다주택을 보유하는 전략으로 수익을 보고, 천천히 서울 아파트와의 격차를 줄이는 방법이 효과적이다.

예를 들어 서울 아파트 가격이 8억 5천만 원이고, 본인이 갖고 있는 자산이 3억 원 내외라고 가정해보자. 5억 원 대출을 받아서 서울에 있는 아파트를 사는 것도 물론 방법이 될 수 있다. 하지만 5억 원 대출은 리스크도 크고 이자도 만만치 않다. 만일 비조정대상지역에 3억 원짜리 아파트에 일단 살면서 1억 5천만 원의 주택담보

자본금이 크지 않다면 비조정대상지역 중 향후 유망한 지역과 단지를 잘 선별해 주택의 수를 늘리는 전략을 고려해볼 수 있다.

대출을 받아 투자하면, 전세를 끼고 비조정대상지역 내 아파트를 1~2채 더 살 수 있다. 그렇게 되면 비조정대상지역 내 3주택 다주택자가 되지만 양도소득세 중과 대상에 해당되지 않는다.

　향후 비조정대상지역 내 아파트 가격이 1억 원씩만 올라준다면 본인이 갖고 있던 자산 3억 원에 추가로 3억 원이 더해지기 때문에 6억 원의 순자산이 생긴다. 그동안 설사 서울 8억 5천만 원짜리 아파트가 10억 원이 된다 한들 비조정대상지역에 보유한 아파트 여러 채의 수익률이 더 높을 수 있다. 물론 이런 가설은 비조정대상지역 내 아파트가 1억 원씩 올라준다는 가정과 서울 아파트가 1억 5천만 원만 올라준다는 가정이 실현되어야 가능한 일이지만, 실제

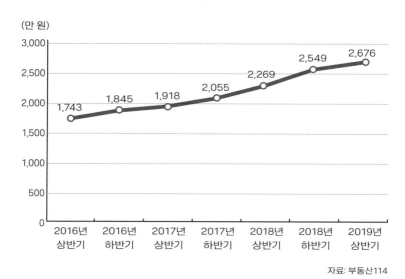

서울 아파트 3.3m²당 평균 매매가격 추이

(만 원)

- 2016년 상반기: 1,743
- 2016년 하반기: 1,845
- 2017년 상반기: 1,918
- 2017년 하반기: 2,055
- 2018년 상반기: 2,269
- 2018년 하반기: 2,549
- 2019년 상반기: 2,676

자료: 부동산114

로 현장에서는 많은 투자자들이 이렇게 서울에 입성하고 있다.

'너무 긍정적인 가정 아니야?'라고 웃어넘길 수도 있지만, 필자도 바로 그런 케이스였다. 처음부터 돈이 있어서 서울 핵심 지역에 내집마련을 한 것이 아니라 무일푼으로 시작해 차근차근 자산을 불려나갔다. 필자 역시 수도권 외곽의 다세대주택부터 시작해 내집마련에 성공한 케이스다. 차근차근 투자 없이 돈을 저축해서 원하는 아파트를 사겠다는 전략은 바람직하지 않다. 평범한 월급쟁이의 월급보다 아파트 가격이 오르는 속도가 더 빠르기 때문이다.

규제 여파로 잠깐 상승폭이 둔화되었지만 서울 아파트 가격은 떨어진 적이 없다. 서울 아파트 3.3m²당 평균 매매가격 추이를 보면 매년 꾸준히 상승하고 있는 것을 볼 수 있다. 연봉의 오름세와 예적금 금리 등을 따져보면 오로지 저축만으로는 이를 따라잡기가 힘들다는 걸 알 수 있다. 오히려 지금 당장 수익이 날 수 있는 부동산을 찾아 조금씩 투자 이익을 챙기고, 그 수익을 합친 금액으로 본인이 원하는 지역에 있는 아파트를 매입하는 것이 현실적이고 안정적이다.

물론 그렇게 하기 위해서는 적절한 투자 타이밍을 파악하고 부동산의 가치를 판가름할 줄 알아야 한다. 또한 향후 부동산 시장의 흐름도 어느 정도 예측할 수 있어야 한다. 그런 능력은 충분히 공부하고 노력하면 누구나 키울 수 있으니 너무 걱정하지 말자.

부동산 투자노트

부동산 투까에 대한
편견을 내려놓다

은퇴를 앞둔
E의 투자 후기

저는 '부동산'이라고 하면 투자라는 단어보다는 투기라는 단어가 먼저 떠오를 만큼 평소 부정적인 인식을 가지고 있었습니다. 평생 부동산에 대해 전혀 관심도 없었고, 내집마련 이후에는 부동산 시장을 잘 들여다보지도 않았습니다. 누군가 부동산 투자로 큰돈을 벌었다고 자랑하면 부럽기도 했지만 애써 요행이라 치부하며 묵묵히 제 할 일만 했습니다.

대한민국 부동산, 어떻게 흘러갈 것인가

254

어느새 은퇴할 나이가 다가오니 비로소 체감하게 된 불안한 노후. 늦었지만 이제부터라도 무언가 해야 하지 않을까 싶은 생각에 조바심만 늘었습니다.

경제 활동을 하면서 꼬박꼬박 국가에 세금을 냈지만 정작 자신의 노후는 각자가 알아서 책임져야만 하는 것이 우리나라 서민들의 현실이지요. 그래서인지 노후 대책으로 가장 많이 생각하는 게 주택이든 상가든 임대수익이 있는 작은 부동산인 것 같습니다. 그러나 최근 부동산을 규제하는 정책이 연달아 나오면서 부동산 투자가 쉽지 않아졌습니다.

저는 부자가 아니어서 신도시에서 2주택으로 살고 있습니다. 서울의 작은 집은 살아보지도 못한 채 형편 때문에 세를 내주었고, 가격이 저렴한 신도시에서 살고 있지요. 서울에서 살았다면 남편과 아이들이 지금처럼 긴 시간 통근과 통학에 시달리지 않았을 텐데, 참 가슴이 아픕니다.

열심히 살았지만 한편으로는 허탈함과 억울한 감정이 뒤섞여 있는 요즘, '은퇴를 대비해서 세라도 받아볼까?' 하는 마음에 부동산 시장을 주시하고 있지만 여전히 어려움이 많습니다. 50대 초반부터 회사에서는 명예퇴직 압박이 들어오고 있습니다. 아직 일할 수 있고 일해야 하는 나이임에도 은퇴를 '당하게' 되는 우리 세대는 어떻게 살아가야 할까요. 100세 시대에 접어들었다고 하는데,

만일 이렇게 50대에 일을 관두게 되면 남은 50년이 참으로 막막하게 느껴집니다.

은퇴 이후 살아남기 위해 임대 소득을 얻으면 불로소득이라고 지탄받는 것도 작금의 슬픈 현실입니다. 그렇게 심란하던 차에 대표님의 글을 접하게 되었습니다. '이 나이에 노후 준비도 못 하고 세월을 보낸 나는 뭐지?'라는 생각이 들게 하는 칼럼이더군요. 부동산 투자가 엄청 대단한 일이 아니라 일상의 작은 관심에서 시작된다는 깨달음과 '살아오면서 나에게도 여러 번의 기회가 있었구나.' 하는 아쉬움이 들었습니다.

제가 사는 곳이 일산이라 삼송에서도 기회가 있었고, 가까운 운정신도시 개발도 기회였고, 가까운 마곡지구에 대기업 R&D센터가 들어오는 것도 알고 있었고, 평택 미군기지 이전도 알고 있었죠. 만일 조금만 관심이 있었다면 기회를 잡을 수 있었을 텐데 하는 아쉬움이 큽니다. 적어도 제가 살고 있는 곳과 주변의 부동산 시장만이라도 꾸준히 주시했다면 이렇게 노후 걱정을 하지는 않았을 것 같습니다. 아쉬움도 크고 후회스럽기도 하네요.

하지만 이제 부동산 투자에 대한 편견을 내려놓고 올바른 시선으로 시장을 바라볼 용기가 생겼습니다. 남은 긴긴 일생 저에게도 다시 기회가 찾아오리라 믿습니다. 다주택자인 저는 현재 절세를 위해 조정대상지역에 위치한 몇 가지 물건을 눈여겨보고 있습니다.

앞으로도 부동산 시장에 늘 관심을 두고, 가족과 저의 미래를 위해 열심히 부동산 투자 공부를 해보려 합니다. 귀중한 깨달음을 준 대표님께 감사드립니다.

6장

실전 부동산 투자 ②
실패 없는 투자 노하우

오피스텔 투자는
입지와 가격이 핵심이다

오피스텔 투자는 입지와 가격이 핵심이다. 의외로 좋은 투자 기회를 쉽게 찾을 수 있을 것이다.

오피스텔 투자의 가장 큰 장점은 무엇일까? 바로 적은 돈으로도 투자가 가능하다는 점이다. 3천만~5천만 원 정도의 비교적 소액으로도 투자가 가능하고, 다달이 월세도 받을 수 있다. 공부상 업무용 오피스텔은 보유하고 있어도 청약 시 무주택자로 인정을 받아 아직 내집마련에 성공하지 못한 무주택자에게도 굉장히 유용한 투자처다. 주택에 비해 대출 규제가 적은 점도 메리트다. 다주택자라 하더라도 오피스텔을 담보로 대출을 받을 수 있어 레버리지를 활용해 수익을 극대화할 수 있다.

적은 돈으로 투자한다고 해서 수익이 적은 것도 아니다. 실제로 필자가 현재 갖고 있는 위례오벨리스크 오피스텔은 2015년 당시 분양가가 1억 3,500만 원이었다. 하지만 4년 후에는 시세가 2억 3천만~2억 4천만 원 정도까지 올랐기 때문에 분양가 대비 1억 원이 오른 셈이다. 월세도 공실 없이 보증금 1천만 원에 월세 63만 원을 받고 있어 잘만 투자하면 월세와 매매차익을 동시에 잡을 수 있다. 물론 오피스텔 투자에 성공했을 때의 이야기다.

언제 어떻게
투자해야 할까?

그렇다면 언제 어떻게 투자해야 오피스텔 수익을 극대화할 수 있을까? 모든 부동산 투자가 그러하겠지만 오피스텔 투자의 핵심은 딱 두 가지다. 바로 입지와 가격이다. 입지는 향후 발전 가능성이 있는 지역이어야 한다. 새로 지하철이 들어와서 교통이 좋아진다거나 주변에 회사들이 많이 입주하는 곳이면 좋다. 사실 입지만 충족되어도 공실 걱정이 사라진다. 소형 오피스텔은 학군의 영향을 크게 받지 않는다. 왜냐하면 오피스텔에 사는 사람들이 대부분 1인 가구이기 때문이다.

아파트의 입지와 같은 잣대로 평가해서는 안 된다. 학군보다는 회사와의 접근성, 교통의 편리성, 주변 편의시설에 따라 매매가가

네이버 지도로 본 위례오벨리스크의 2016년 3월 사진(위)과 2019년 6월 사진(아래)

달라진다. 그래서 가격이 많이 오른 오피스텔은 주로 중심 상업 지역의 역세권 오피스텔이 많다. 그러나 이미 주변 편의시설이나 교통 여건이 잘 갖춰진 오피스텔은 가격이 많이 비싸다. 이런 오피스텔을 사는 건 안정적인 월세 수익을 기대할 수는 있어도 시세차익까지 기대하기는 힘들다. 향후 시세차익까지 노린다면 입지가 좋아지는 지역에 위치한 저평가된 오피스텔을 골라야 한다.

위례오벨리스크의 2016년 3월 사진과 분양 직후 2019년 6월 사진을 보자. 분양 당시의 허허벌판인 모습을 보면 투자 결정을 내리기가 어려울 수밖에 없다. 하지만 이미 완공되어 입지가 갖춰진 곳은 가격이 많이 오른 상태이기 때문에 투자가치가 떨어진다. 2016년 3월 사진처럼 아무것도 갖춰지지 않은 상태에서 미래의 가능성만 내다보고 투자한다면 훨씬 저렴한 가격으로 구매할 수 있다.

따라서 조감도와 계발계획도면만 보고도 투자 판단을 할 수 있어야 한다. 지금 현재의 모습보다 향후 건물이 완공되었을 때의 모습을 머릿속에 상상할 수 있어야 성공적인 투자를 할 수 있다. 이미 건물이 완공되고 구색이 갖춰지면 당연히 비싼 값을 치러야 한다.

개발계획만 가지고 투자를 하라는 이야기는 아니다. 개발계획과 호재들이 실제로 직접 실현 가능성이 있는지 따져봐야 하고, 시세가 적당한지도 살펴봐야 한다. 공급 물량도 체크해 일시적으로 공급이 많이 몰리지는 않는지 확인할 필요도 있다. 공급 물량이 몰리면 입주 때 서로 경쟁을 해서 임대료가 떨어지게 되고, 매매가도 떨어질 수 있다.

실제로 마곡지구 초기에는 과도한 공급 물량으로 임대료가 많이 떨어지고, 오피스텔 계약금도 포기하는 물건이 간혹 있었다. 만일 그 타이밍에 오피스텔을 산 사람들은 분양가보다 훨씬 저렴한 가격으로 오피스텔을 살 수 있었을 것이다. 공급 물량이 많아서 사람들이 계약금을 포기하는 지역 중에 향후 입지가 좋아질 가능성이 큰 곳에 위치한 오피스텔이라면 충분히 투자할 만하다.

신규로 지하철이 들어오는 지역도 눈여겨봐야 한다. 필자가 9호선이 개통되기 전 가양역과 등촌역 일대의 오피스텔에 투자해 수익을 얻은 것처럼 지하철 개통 여부도 가격을 좌우하는 중요한 요인이다.

다시 정리하면 오피스텔 투자는 입지와 가격이 핵심이다. 향후 교통이 좋아지거나 기업들이 주변에 많이 생기는 곳, 무엇보다 입지가 더 좋아질 가능성이 큰 지역을 선택해야 한다. 그 안에서 가격이 저렴한 오피스텔을 찾는다면 좋은 투자 성과를 거둘 수 있다. 그리고 입지가 좋은 곳 중에서 일시적으로 입주가 몰려서 가격이 하락하는 경우도 눈여겨보자. 의외로 좋은 투자 기회를 쉽게 찾을 수 있을 것이다.

정보가 중요한
아파트 투자

투자 지역을 수도권 전역으로 넓히면 급매도 자주 보이고, 다양한 투자 기회를 더 많이 잡을 수 있다.

부동산 투자의 꽃은 아파트 투자라고 해도 과언이 아니다. 왜냐하면 다른 부동산에 비해서 거래가 잘 이루어지고, 가격 정보도 비교적 투명하게 공개되어 있어 너무 비싼 가격에 덤터기를 쓸 가능성이 낮기 때문이다. 따라서 부동산 투자를 처음하거나 어느 정도 투자금이 있다면 아파트에 투자하는 것이 비교적 안전하게 자산을 불릴 수 있는 길이다. 문제는 갖고 있는 투자금이다. 갖고 있는 투자금의 규모에 따라 투자할 수 있는 아파트와 입지 조건이 달라진다.

좋은 입지는 수도권 핵심 지역 몇 군데로 좁혀진다. 앞에서도 설명했듯이 현재는 똘똘한 한 채를 보유하는 것이 세금적인 측면이나 재테크적인 측면에서 훨씬 유리하다. 따라서 갖고 있는 현금이 충분하다면 서울 핵심 지역에 위치한 아파트, 그중에서도 강남 아파트를 사는 것이 장기적으로 유리한 전략이다.

하지만 강남 아파트를 살 충분한 자금이 없다면 다른 전략을 펼쳐야 한다. 많은 사람들이 너무 핵심 지역 위주로만 투자하려다 보니 투자할 시기를 놓치고 만다. 핵심 지역에 입성할 투자금을 모으기 위해 열심히 노력했는데, 정작 핵심 지역의 아파트 가격이 애써 모은 투자금보다 빨리 올라 시간만 낭비하는 경우가 많다.

돈을 모아서 핵심 지역의 아파트를 사는 것보다 감당할 수준의 대출을 받아 핵심 지역에 빨리 입성하는 것이 더 낫다. 대출을 받아도 핵심 지역 아파트를 살 수 없다면 다른 전략을 써야 한다. 가장 현실적인 대안은 수도권 내 가격이 저렴하고 발전 가능성이 큰 지역을 찾는 것이다. 현재 자신이 갖고 있는 투자금의 범위 내에서 저평가된 곳을 찾는 게 아파트 투자의 핵심이다.

시야를 넓히면
기회가 보인다

투자 지역의 범위를 넓히면 의외로 좋은 기회가 정말 많다. 예를 들어 투자 지역을 서초구 일대 아파트로 좁히면 서초구 일대의 호재가 있거나 급매 아파트가 나올 경우 기회를 잡을 수 있다. 하지만 투자 지역을 수도권 전역으로 넓히면 급매도 더 자주 보이고, 다양한 투자 기회를 더 많이 잡을 수 있다.

예를 들면 강남 아파트가 오르면 용산·여의도·성수·마포·목동·마곡 아파트가 따라서 오른다. 그리고 그 이후에 수도권 핵심 지역 아파트들이 순차적으로 오른다. 물론 지역의 호재에 따라 오르는 속도와 폭은 다르다. 하지만 이런 유기적인 관계를 잘 이해해야 부동산 투자 타이밍을 잡을 수 있다.

박원순 시장이 용산과 여의도를 함께 개발한다는 발표를 냈다고 가정해보자. 그러면 당연히 용산과 여의도의 아파트 가격이 오를 것이다. 이미 발표는 났고 가격도 올라 뒤늦게 용산과 여의도 아파트를 사더라도 이익이 크지 않다. 그렇다면 상대적으로 아직 덜 오른 마포나 당산동, 신길동 같은 지역을 찾을 수 있어야 한다.

그 지역 안에서도 상대적으로 저평가된 아파트를 찾는 연습을 해보자. 상대적으로 저평가되었다는 의미는 무엇일까? 가격이 다른 아파트보다 싸다는 의미다. 가격 비교는 인근 지역과 유사 지역을 통해 비교할 수 있다. 인근 지역은 말 그대로 인근에 있는 아파트다. 총 14단지짜리 아파트가 있다고 가정해보자. 1~14단지 중 같은 면적, 같은 향을 가진 물건들을 추려보면 가격이 다 다르다는 것을 알 수 있다. 그 이유는 대지지분 등 가격이 다른 요인이 있기 때문이다. 그 차이를 일일이 비교해서 정확한 시세를 파악하는 것이 중요하다.

유사 지역은 거리상 멀리 떨어져 있지만 유사한 동네를 말한다. 판교와 마곡, 목동과 과천, 마포와 당산 등 거리상 멀리 떨어져 있지만 인근 지역처럼 비교해서 가치를 평가할 수 있는 지역을 뜻한다. 예를 들면 마곡지구 미분양 아파트 전용면적 84m²의 분양가가 4억 3천만 원이었을 때, 당시 같은 평형의 판교 아파트 시세는 8억~9억 원, 상암동 아파트는 6억~7억 원 정도였다. 마곡지구의 미분양이었던 분양가 4억 3천만 원짜리 물건은 마곡 인근에 위치한 다른 아파트 시세와 비교하면 정상가격인 것처럼 보이지만, 판교와 비교하면 상당히 저렴하다는 것을 알 수 있다. 하다못해 상암동 아파트를 두고 비교해도 최고 2억 원은 오를 여지가 있다고 판단할 수 있다.

현재 전반적인 상승장으로 인해 예시로 든 마곡지구 미분양 아파트는 12억 원에 달한다. 이렇게 가격 비교를 통해 저평가된 아파트를 찾으면 성공적인 투자를 할 수 있다. 그렇게 하기 위해서는 계속해서 공부를 하고, 관심 지역을 넓히고, 시세 정보에 민감해야 한다. 수도권 전 지역이 머릿속에 들어와야 뉴스나 호재가 나오면 바로바로 집값의 향방을 예측할 수 있고, 좋은 기회도 잡을 수 있다.

노리는 투자 지역이 한정되어 있다면 몰라도 범위가 넓다면 매번 일일이 발품을 팔 수는 없을 것이다. 다행히 최근에는 집값의 향방을 앉은 자리에서도 빠르게 파악할 수 있는 방법이 많다. 대표적

국토교통부 실거래가 공개시스템 홈페이지. 다양한 매물의 실거래가를 조회할
수 있다.

으로는 국토교통부 실거래가 공개시스템(rt.molit.go.kr)이 있다. 아
파트뿐만 아니라 다세대주택, 단독주택, 오피스텔, 분양권, 토지 등
다양한 매물의 실거래가를 조회할 수 있다.

굳이 경매를
고집할 필요는 없다

수도권 전 지역의 부동산 흐름을 이해한다면 굳이 경매로 부동
산 투자를 할 필요도 없다. 의외로 많은 사람들이 경매에 대한 환상
을 갖고 있는데, 물론 경매로 아파트를 싸게 사는 방법도 좋은 전략

이다. 하지만 경매는 생각보다 노력과 시간이 정말 많이 든다. 경매 물건을 입찰하기 위해서는 매번 직접 법원에 가야 한다. 입찰한다고 해서 낙찰된다는 보장도 없다.

좋은 물건일수록 경쟁이 치열해서 낙찰받기가 쉽지 않다. 정말 긍정적으로 셈해도 1번 낙찰을 받기 위해서는 20번 이상의 입찰을 해야 하고, 20번 입찰하기 위해서는 물건을 최소 2천 번 이상 봐야 한다. 물건을 최소 2천 번 이상 보기 위해서는 당연히 꽤 많은 시간과 노력이 필요하다. 직접 해보면 알겠지만 생각보다 노력 대비 결과물이 크지 않다.

좋은 입지일수록 경매로 나올 가능성은 적다. 입지가 안 좋은 지역일수록 경매 물건이 나올 확률이 커서 애초에 괜찮은 물건을 잡기가 어렵다. 부동산을 싼 가격에 사는 것도 중요하지만 향후 미래 가치가 없는 지역의 아파트는 아무리 싸게 사도 이득이 남을 리 없다. 경매보다는 투자 범위를 넓혀서 급매 위주로 투자하는 전략이 훨씬 효과적이다. 경매에 대한 환상을 갖지 말자.

분양권 투자,
프리미엄에 주목하라

분양권 거래 시 호재의 유무와 경기 상황을 잘 파악해 프리미엄이
저렴할 때 들어가는 것이 좋다.

분양권 거래는 완공되기 전에 아파트를 사고팔 수 있는 권리를
매매하는 것이다. 과거에는 서울도 분양권 거래가 가능했지만 8·2
대책 이후 서울과 조정대상지역의 분양권은 특별한 사유가 없는 한
거래를 할 수 없게 되었다. 다만 조정대상지역이라 하더라도 8·2 대
책 이전에 입주자 모집공고가 난 분양권은 거래가 가능하다.

조정대상지역과 비조정대상지역은 대출 조건과 규모, 청약 1순
위 조건, 가점제 적용 비율, 분양권 전매 가능 여부와 양도소득세율
이 다르다. 따라서 무엇보다 자신이 투자하고자 하는 지역이 조정
대상지역에 해당되는지부터 체크해야 한다.

조정대상지역 vs. 비조정대상지역

구분	조정대상지역	비조정대상지역
대출 조건	LTV 60%, DTI 50%	LTV 70%, DTI 60%
중도금 대출 건수	주택담보대출 세대당 1건	주택담보대출 세대당 2건
청약 1순위 조건	청약통장 가입 2년, 24회 이상 납입, 5년 이내 주택 당첨 사실이 없는 1주택 이하 세대주만 청약 가능	청약통장 가입 1년, 12회 이상 납입(지방 6회 이상), 주택 당첨 사실 무관, 세대원 청약 가능
가점제 적용 비율	전용면적 85m² 이하는 75%, 전용면적 85m² 초과는 30%	전용면적 80m² 이하는 지자체 결정에 따라 최대 40%, 전용면적 85m² 초과는 0%
분양권 전매 및 양도세율	소유권 이전 등기 및 전매 시 양도소득세율 50% 일괄 적용	공공택지는 1년 후, 민간택지는 6개월 후 전매 가능, 분양 시점 2년 후 양도소득세 일반 적용

자료: 국토교통부

비조정대상지역 내 공공택지는 전매 제한 기간이 1년, 민간택지는 6개월이기 때문에 이 기간이 지나면 분양권 전매를 할 수 있다. 분양권 거래의 가장 큰 단점은 실물이 아직 없는 상태에서 미래가치를 판단하기가 어렵다는 점이다. 그러나 향후 개발계획 등을 토대로 미래가치가 얼마나 높아질지 예측만 잘하면 투자 수익을 극대화할 수 있다.

분양권 투자는 실물이 없기 때문에 잘못 고르면 투자에 실패할 수 있고, 실거주하기에도 부담스러울 수 있다는 단점이 있어 유의해야 한다. 결국 분양권 거래는 어느 지역인지, 현재 가격이 어떤지 철저히 분석하는 게 핵심이다.

프리미엄이
관건이다

과거 서울에 분양권 전매 제한이 없었을 때는 마곡힐스테이트도 분양권 거래가 가능했다. 초기 프리미엄은 2천만~3천만 원으로 상당히 저렴했다. 2019년 기준으로 분양가 대비 시세가 7억 원 정도 오른 걸 보면 2천만~3천만 원의 프리미엄은 굉장히 저렴했다는 것을 알 수 있다. 이처럼 분양권 거래 역시 효과적으로 내집마련을 할 수 있는 좋은 방법이다.

분양권 프리미엄은 입주 때까지 등락을 반복한다. 지역적인 호재의 영향도 받지만 전반적인 경기 상황에 따라 시세가 변동한다. 따라서 분양권 거래 시 호재의 유무와 경기 상황을 잘 파악해 프리미엄이 저렴할 때 들어가는 것이 좋다.

그렇다면 프리미엄은 언제 저렴할까? 우선 분양권 전매가 풀리는 시점 직후에는 더 싸게 분양권을 살 수 있다. 청약에 당첨되었다 하더라도 부득이하게 분양권을 처분해야 하는 경우가 있다. 그런데 전매 제한 때문에 6개월 혹은 1년간 분양권을 팔지 못한다면 분양권을 갖고 있는 사람 입장에서는 이 6개월 혹은 1년이 무척 기다려질 것이다. 그리고 분양권이 풀리게 되면 팔고 싶어 하는 사람들의 물건이 한꺼번에 쏟아져 나오기 때문에 가격을 비싸게 내놓을 수가 없다. 전매 제한이 풀리는 단지를 눈여겨본 뒤, 미리 공인중개사무소를 통해 저렴한 물건이 있는지 확인하고 분양권을 매입한다면 비교적 저렴한 가격에 분양권을 살 수 있다.

분양권은 실물이 없기 때문에 경기 변동에도 민감한 편이다. 경기가 안 좋아져도 분양권 프리미엄이 떨어질 수 있다. 혹은 분양가 이하의 마이너스 프리미엄도 간혹 생긴다. 당장 들어가서 살 수 있는 것도 아니고 전세나 월세를 놓을 수도 없어 사람들의 심리가 외부 변수에 쉽게 흔들린다. 계약금과 중도금 상태의 돈만 들어가 있다 보니 불안감이 커지면 이리저리 휘둘린다.

실제로 한참 지방 부동산 시장의 상황이 좋지 않았던 시기에는 지방에서 마이너스 프리미엄이 자주 보였다. 2018년 12월 11일 〈중앙일보〉 기사를 살펴보자.

경북 구미시 산동면 구미 국가공단 인근 주거단지인 확장단지(245만㎡)에선 요즘 아파트 신축공사가 한창이다. 하지만 최근 이 지역 A아파트(890가구) 앞엔 '-1,000'이라는 게시물이 붙었다. 한 부동산 중개인은 "-1,000은 분양가에서 1천만 원을 뺀 매매가"라고 말했다. 이른바 '마이너스 프리미엄'이다.

막상 청약에 당첨되거나 미분양으로 아파트를 사도 시황이 나쁘게 흘러가면 계속 불안해지고 그냥 빨리 팔고 싶은 마음이 생긴다. 무엇보다 실물이 없기 때문에 거래가 많지 않아서 당장 팔고 싶다면 분양가 이하의 마이너스 프리미엄으로라도 팔아야 한다. 어쩔 수 없는 사람의 마음이다.

투자자 입장에서는 마이너스 프리미엄의 분양권을 사는 것도 나쁘지 않다. 웬만한 수도권 단지들의 분양가와 현재 시세를 비교해보면 분양가 이하로 떨어진 아파트가 극히 드물다는 걸 알 수 있다. 무엇보다 분양가 상한제에 걸리는 아파트들은 분양가 이하로 가격이 떨어지기가 쉽지 않다. 간혹 계약금을 완전히 포기하는 아파트 분양권도 살 수 있기 때문에 비교적 저렴하게 내집마련을 하고자 한다면 마이너스 프리미엄의 분양권을 노려보자. 물론 입지나 공급 물량, 투자가치 여부는 꼼꼼히 따져봐야 한다.

저렴한 프리미엄의 분양권은 입주 시기에도 종종 볼 수 있다. 부득이하게 잔금을 치르지 못하거나 개인 사정으로 입주를 못하는 경우가 있기 때문이다. 또 입주 물량이 한꺼번에 쏟아지다 보니 생각보다 전월세 시세가 낮아서 자금 계획에 차질이 생기는 경우도 있고, 대출이 생각보다 안 나오거나 아예 나오지 않아 문제가 되는 경우도 있다. 그러면 보통 잔금을 못 치르고 저렴한 프리미엄으로 분양권을 내놓게 된다.

입주가 임박했을 때 나오는 급한 매물을 잘 잡으면 분양가 이하의 마이너스 프리미엄으로 아파트를 살 수 있다. 입주할 때 마이너스 프리미엄이라고 하더라도 아파트 가격이 떨어지는 것은 아니다. 일시적인 변수라고 생각하면 된다. 김포 한강신도시의 아파트들 역시 처음에는 미분양을 겪었고, 입주 때 마이너스 프리미엄인 아파트들도 많았지만 지금은 대부분 분양가보다 1억 원 이상 오른 아파트들이 많다.

한강신도시반도유보라가 그런 케이스다. 당시 입주 때 분양가 이하의 분양권도 있었지만 지금은 대부분 1억 원 이상 올랐다. '1억 원밖에 안 올랐어?'라고 생각할 수 있지만 전용면적 59㎡의 분양가가 2억 5천만 원이었다는 걸 감안하면 당시 가격 대비 무려 50%나 오른 셈이다. 따라서 일시적인 마이너스 프리미엄이 났다고 해서 아파트 가격이 떨어진다고 생각하는 건 한쪽 면만 바라보고 투자하는 것과 같다.

분양권에 투자할 때 주의해야 할 점은 9·13 대책 이후 분양권 소유 시 유주택자로 간주된다는 것이다. 과거에는 분양권은 주택이 아니기 때문에 청약 시에도 무주택자로 간주했지만 9·13 대책 이후 상황이 바뀌었다. 집이 없는 사람이 분양권을 전매해서 사게 되면 유주택자로 간주되어 더 이상 무주택자 자격으로는 청약을 할 수 없게 되었다. 다만 분양권은 주택이 아니기 때문에 등기 전까지는 세법상 주택으로 취급하지 않는다.

분양권과 입주권을
딱 구분하자

많은 사람들이 헷갈려 하는 부분이 분양권과 입주권의 차이다. '분양권'은 신축 아파트가 준공된 후 입주할 수 있는 권리로 조합원 외의 일반인이 청약을 통해 입주자로 선정될 수 있다. '입주권'은 특정 지역 재개발·재건축 시 기존 건축물이나 토지의 소유자들이 조합원 자격을 받아 입주할 수 있는 권리를 취득하는 개념이다.

쉽게 말해 청약에 당첨되거나 미분양 물건을 사서 일반인들이 얻을 수 있는 권리가 분양권이고, 원래 갖고 있던 부동산이 재개발이나 재건축되어 새로운 아파트로 들어갈 수 있게 주어지는 권리가 입주권이다. 입주권은 원래 갖고 있던 부동산이기 때문에 청약이나 세법상 유주택자로 간주된다. 입주권은 분양권 전매 제한에 걸리지 않아 조정대상지역 내 건물이 완공되기 전이라도 매입이 가능하다. 만약 조정대상지역 내 아파트를 완공 전에 사고 싶다면 입주권을 노리는 전략도 유효하다.

다만 입주권은 취득세율이 토지 취득세율로 적용되어 주택보다 취득세가 높다. 부동산과 세금은 밀접하게 연관이 되어 있기 때문에 투자자라면 반드시 염두에 두어야 한다. 세금 관련 공부로 먼저 지식의 틀을 잡고, 수시로 변하는 세법을 업데이트해서 생각지도 못한 세금이 나가는 일을 방지하는 것이 좋다. 부동산과 세금을 얼마나 이해하는지에 따라서 부동산 투자 전략도 달라질 수 있다. 특히 1주택자라면 다음에 이어질 '단독주택과 상가주택 투자 노하우'를 유심히 보기 바란다.

단독주택과 상가주택
투자 노하우

단독주택 투자는 조건만 만족하면 임대소득이 얼마든 세금을 내지 않아도 된다는 것이 최대 장점이다.

단독주택에 대해 이해하기 위해서는 우선 다세대주택과 다가구주택의 차이를 알아야 한다. 다세대주택은 각각 다른 세대가 거주하는 주택으로 연립주택이나 아파트처럼 호실별로 주인이 따로 있다. 반면 다가구주택은 가구수는 많지만 소유권이 따로 있는 게 아니라 주인 1세대에게 있다. 한 주택에 호실별로 세입자들이 들어와 사는 경우가 다가구주택이다. 단독주택은 말 그대로 주인 혼자 단독으로 사는 주택을 의미한다.

다가구주택도 주인이 1명이기 때문에 넓은 의미에서 단독주택에 포함된다. 단독주택은 1주택자이고, 공시가격 9억 원 미만일 시

임대소득이 전액 비과세된다는 장점이 있다. 2019년 이전에는 주거용 건물 임대업에서 발생한 수입금의 합계가 2천만 원 이하라면 전액 비과세되었지만, 현재는 2천만 원 이하라 하더라도 임대소득세가 과세되고 있다. 단독주택 투자는 조건만 만족하면 임대소득이 얼마든 세금을 내지 않아도 된다는 것이 최대 장점이다.

예를 들어 3층짜리 다가구주택을 매입해서 본인은 3층에 살고, 1층과 2층은 보증금 1천만 원에 월세 200만 원씩을 받는다고 가정해보자. 조건만 만족하면 1~2층에서 들어오는 수입 매달 400만 원에 대해 임대소득세를 한 푼도 내지 않아도 된다는 뜻이다. 해당 주택의 공시가격이 9억 원 미만이기만 하면 된다.

세금 혜택이 큰
단독주택

세금 혜택이 크기 때문에 많은 사람들이 은퇴 후 단독주택을 매입해 세를 받고는 한다. 하지만 최근 수도권 공시지가와 공시가격이 급상승하면서 웬만한 서울 단독주택은 9억 원을 훌쩍 초과하게 되었다.

서울 표준 단독주택 공시가격 변동률을 보면 매년 한 자릿수의 완만한 상승세를 이어가던 공시가격이 2018년 이후 17.8% 급등한

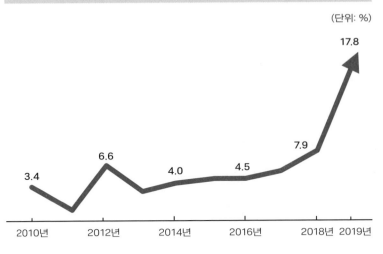

연도별 서울 표준 단독주택 공시가격 변동률

(단위: %)

17.8

7.9

6.6

4.5

4.0

3.4

2010년   2012년   2014년   2016년   2018년 2019년

자료: 국토교통부

것을 알 수 있다. 앞으로 단독주택의 가장 큰 장점인 임대소득 비과
세의 혜택은 점점 줄어들 것으로 보인다. 혜택이 줄면 수요도 예전
만큼 높지 않을 것이다. 만약 단독주택에 대한 투자를 고려한다면
이런 부분을 충분히 염두에 둘 필요가 있다.

또한 단독주택은 건물 노후화에 따른 잦은 관리와 빈번한 세입
자 전입 등 공들여야 할 부분이 많다. 무엇보다 아파트나 오피스텔
에 비해 거래 자체가 많지 않다. 홍대나 연남동, 일부 강남 지역 등
몇몇 핵심 지역을 제외하고는 환금성이 많이 떨어진다는 단점도 있
다. 따라서 본인이 실거주하면서 임대소득도 덤으로 가져가고 싶은
장기 투자자가 아니라면 신중하게 접근해야 한다.

업종이 중요한
상가주택

상수동과 연남동 일대의 단독주택들은 주변 상권이 발달하면서 단독주택의 일부를 용도 변경해 상가로 만드는 경우도 있다. 하지만 아무 지역이나 단독주택을 이렇게 리모델링해서 상가로 만든다고 장사가 다 잘되는 건 아니다. 철저한 상권 분석을 통해 리모델링 계획을 잡아야 한다.

거주용 부동산 외에 상가로 임대소득을 올리고 싶다면 상가주택 투자도 고려할 만하다. 상가주택은 1층은 상가, 2~4층은 주택으로 이루어진 점포겸용주택을 의미한다. 지역마다 다르긴 하지만 일반적으로 총 5가구로 구성되어 있고 1층에 상가가 있다. 통상 1층은 상가, 2~3층은 2가구씩 4가구, 4층은 1가구로 구성되고, 보통 주인이 4층에서 넓게 거주한다.

상가주택 투자는 1층 상가에 어떤 업종이 들어오고 임대료는 얼마인지가 핵심이다. 따라서 1층 업종 선택에 신중을 기해야 한다. 아무래도 유명 프랜차이즈 카페나 베이커리 등이 들어오면 좋겠지만 유치하기가 쉽지 않다. 개인이 운영하는 이탈리안 레스토랑이나 카페 등이 현실적이고, 이러한 업종이 상가주택의 가치를 올려준다고 생각한다.

상가주택의 가장 큰 장점은 공시가격이 9억 원 미만이고 1주택일 경우 상가까지 양도소득세 비과세로 양도가 가능하다는 점이다. 일반적으로 상가는 양도소득세 비과세가 없다. 하지만 세법상 주거 면적이 상업 시설보다 더 넓으면 전체 건물을 주택으로 간주하기 때문에 함께 딸린 상가도 비과세 대상이 된다.

다만 단독주택은 1주택일 경우 공시가격 9억 원 미만이면 임대소득세가 비과세되지만, 상가주택에 딸린 상가에서 나온 임대소득은 해당되지 않는다. 즉 공시가격 9억 원 미만의 1주택 상가주택은 주택 부분의 임대소득은 비과세되지만 상가 부분은 임대소득세를 내야 한다. 상가주택 투자 시 유의해야 할 부분이다.

똘똘한 한 채,
강남 재건축을 노려라

강남 재건축 단지들은 가격 변동폭이 크기 때문에 세밀한 시세 변화 모니터링이 관건이다.

현행 양도소득세 중과로 인해 조정대상지역 내 다주택자들은 집을 팔아도 양도소득세를 제하면 크게 남는 게 없다. 과세표준이 5억 원 초과인 경우 조정대상지역 내 3주택자라면 최고 세율 62%의 세금을 내야 하기 때문이다.

세금을 줄이기 위해서 다주택자들은 세 가지 선택을 할 수 있다. 주택임대사업자 등록을 하는 방법, 자녀에게 증여해서 세대 분리를 하는 방법, 다주택을 팔고 똘똘한 한 채로 갈아타는 방법이다.

달라진 양도소득세 중과로 인해 조정대상지역 내 10억 원짜리 아파트 3채를 보유하는 것보다 강남의 30억 원짜리 아파트 1채를

양도소득세 세율

과세표준	기본 세율	2주택자	3주택자
1,200만 원 이하	6%	16%	26%
1,200만~4,600만 원	15%	25%	35%
4,600만~8,800만 원	24%	34%	44%
8,800만~1억 5천만 원	35%	45%	55%
1억 5천만~3억 원	38%	48%	58%
3억~5억 원	40%	50%	60%
5억 원 초과	42%	52%	62%

자료: 기획재정부

보유하는 것이 더 유리해졌다. 다주택자에 대한 양도소득세와 보유세 압박이 커지면서 똘똘한 한 채의 수요가 커졌다.

양도세 중과를 시행하면 집값이 떨어질 것이라는 정부의 의도와 달리 사람들은 일단 주택임대사업자로 전환해 버티거나, 자녀에게 증여하거나, 똘똘한 한 채로 갈아타기 시작했다. 오히려 시장에 매물이 잠기는 동결효과가 더 커졌고, 이런 규제의 역설은 정책의 방향성이 바뀌지 않는 한 계속 진행될 것으로 보인다.

교육 부분도 마찬가지다. 자사고와 특수목적고를 폐지하는 정부의 방침은 향후 학군이 좋은 지역으로 수요가 몰릴 여지를 키웠다. 전통적인 학군 우수 지역인 강남과 목동, 여의도, 중계동 등이 앞으로 더 인기를 얻을 것이다. 이곳들은 전셋값와 매매 수요가 더욱 증대될 것으로 보인다. 따라서 여유자금이 있다면 무조건 강남의 똘똘한 한 채로 갈아타거나, 차선책으로 서울 핵심 지역에 투자하는 게 좋다.

투자금이 많다면
강남 재건축이 좋다

서울의 핵심 지역 중 신축 혹은 재개발·재건축이 될 곳은 장기적으로도 유망하다. 특히 잠실주공5단지와 은마아파트 등 상징성이 있는 재건축 단지들은 정부와 서울시의 정책에 따라 가격 변동의 폭이 커질 수 있다. 항상 시장의 상황을 예의 주시하며 적기에 들어가야 한다.

은마아파트의 시세 변동폭을 보면 알 수 있듯이 재건축 아파트는 시황에 따라 등락이 심하다. 변동폭이 커 타이밍만 잘 잡으면 효과적으로 진입할 수 있다. 예를 들어 은마아파트를 2007년 최고점에 들어간 사람은 2017년까지 무려 11년간 가격 변동 없이 답보 상태를 견뎌야 했을 것이다.

2007년 약 12억 원에 달하는 최고점에 샀다가 2014년 약 7억 원에 팔았다면 오히려 손실금만 5억 원에 달한다. 기회비용까지 감안하면 2007년에 은마아파트에 들어간 투자는 좋은 선택이 아닌

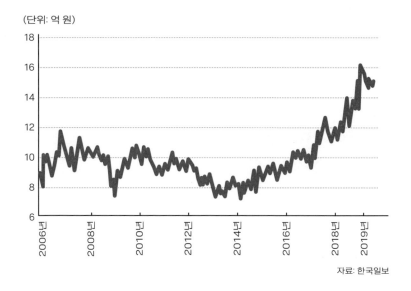

2006~2018년 8월 은마아파트 전용면적 76.79m² 가격 변동

(단위: 억 원)

자료: 한국일보

셈이다. 따라서 재건축 단지들은 구매하는 시점의 시세가 매우 중요하다.

만약 똘똘한 한 채로 가격 변동폭이 적은 아파트를 원한다면 불확실성이 큰 재건축 아파트보다는 신축 아파트를 선택하는 게 더 현명한 판단일 수 있다. 강남 지역 외 서울 핵심 지역의 신축 아파트들도 더 인기를 끌 것이다. 무엇보다 전통적으로 학군이 좋거나 학군과 인프라가 갖춰질 수 있는 호재가 있는 지역의 신축 아파트에 투자한다면 실패할 가능성이 적다.

결국 강남 재건축 단지들은 가격 변동폭이 크기 때문에 세밀한 시세 변화를 모니터링하는 게 관건이다. 하지만 강남 재건축 아파트 투자는 어느 정도 투자금액이 있는 사람들에게만 해당되는 이야기다. 그렇다면 운용할 수 있는 자금이 제한적인 사람들은 어떤 선택을 해야 할까?

투자자금이 적다면
비조정대상지역을 노려라

투자자금이 서울 아파트를 살 수 없을 만큼 적다면 무작정 돈을 모아서 원하는 지역의 아파트를 사겠다고 마음먹기보다 일단은 발 빠르게 움직이는 것이 좋다.

충분한 투자자금이 없다면 어떤 전략을 취해야 할까? 강남 아파트는 전세를 끼고 산다고 해도 최소 10억 원 이상의 자금이 필요하다. 서울 핵심 지역도 차이는 있지만 최소 3억~5억 원의 자금이 필요하다. 이 정도의 자금이 없다면 똘똘한 한 채로 갈아타는 전략은 포기해야 한다. 2주택 이상은 대출 제한도 걸려 있기 때문에 3억 원 미만의 자금을 갖고 있는 사람들은 다른 전략을 고려하는 게 좋다.

가장 가능성 있고 효과적인 전략은 비조정대상지역을 노리는 것이다. 비조정대상지역은 다주택이라 하더라도 양도세 중과에서 제외된다. 즉 10채, 100채가 있어도 양도세 중과에 해당되지 않고 일반 세율이 적용된다. 또한 공시가격 9억 원 미만의 1주택 보유자라면 직접 거주를 하지 않아도 2년 보유 시 양도소득세가 전액 비과세된다. 따라서 비조정대상지역의 다주택 전략으로 주택 수를 늘리는 전략이 필요하다.

다주택이 용이한
비조정대상지역

왜 주택의 수를 늘려야 할까? 부동산 투자의 최종 목표는 보통 서울 입성이다. 그런데 만약 원하는 서울 아파트의 가격이 10억 원이고 본인이 갖고 있는 자금이 3억 원 내외라면 어떻게 해야 할까? 3억 원의 자금에 7억 원의 대출을 얹어 서울 아파트를 사는 방법도 있지만, 대출 제한으로 7억 원 전액을 받기란 현실적으로 힘들다. 또한 자산 대비 부채 비율이 너무 높아 리스크 관리 차원에서도 좋은 투자방법은 아니다.

그렇다고 나머지 자금을 모으기 위해 무작정 돈을 모으다 보면 집값이 10억 원에서 12억 원, 14억 원으로 뛰어 돈을 버는 속도보다 빨리 오를 것이다. 월급을 모으거나 금융자산에 투자해서 집값이 오르는 속도를 따라잡기란 쉽지 않다.

그런데 3억 원의 자금으로 본인이 살 집을 포함해 비조정대상지역의 3억 원짜리 아파트 3채를 샀다고 가정해보자. 3채 중 본인이 사는 집은 대출이 나오기 때문에 최대 60%, 즉 약 2억 원의 주택담보대출을 받아 1억 원만 들여도 살 수 있다. 그리고 남은 2억 원으로 비조정대상지역의 3억 원짜리 아파트를 전셋값 2억 원을 안고 총 2채를 사면 된다. 이렇게 총 3억 원의 자금으로 비조정대상지역의 3억 원짜리 아파트 3채를 살 수 있다. 다만 이는 말 그대로 설명을 위한 예시일 뿐이다. 실제 자금 계획은 더 치밀하고 꼼꼼하게 세워야 한다.

3억 원으로 전세 2억 원을 낀 아파트 2채와 본인이 거주하는 대출 2억 원이 있는 아파트까지 비조정대상지역에 총 3채의 아파트를 보유했다고 가정해보자. 이럴 경우 비조정대상지역의 아파트가 조금씩만 올라줘도 3채이기 때문에 시세차익이 커진다. 만약 서울의 10억 원짜리 아파트가 이 시세차익 미만으로 오른다면 자신이 갖고 있는 투자자금과 서울 아파트 가격의 격차가 줄어들게 된다.

즉 현금을 갖고서 돈을 모으는 것보다 비조정대상지역이라도 오를 만한 가치가 있는 아파트를 찾아내 여러 채 투자하는 쪽이 서울 핵심 지역 아파트와의 갭 차이를 줄이는 데 더 효율적이고 용이하다. 물론 투자가치가 있는 지역을 발굴할 수 있는 능력을 키워야 가능한 방법이기는 하다.

비조정대상지역은 양도소득세 역시 일반 과세이므로 거주 요건도 필요 없어 세금 걱정이 덜하다. 다만 현재는 비조정대상지역이라 할지라도 추후 조정대상지역으로 편입될 수도 있기 때문에 누구나 알고 있는 유명한 비조정대상지역은 위험할 수 있다. 그래서 상대적으로 덜 유명하면서 미래가치가 있는 지역을 찾는 것이 관건이다. 지금 당장은 어렵게 들릴 수 있지만 충분히 노력하면 가능한 일이다.

일례로 파주 운정힐스테이트가 대표적인 저평가 아파트였다. 운정힐스테이트는 분양권 전매 제한이 없어 분양권 상태에서 매매가 가능했다. 당시 분양권 프리미엄은 2천만~3천만 원이었는데, 입주 후 프리미엄은 1억 원에서 1억 5천만 원까지 올랐다. 적게 느껴질 수 있지만 3억 원대의 분양가였고 투자자금이 1억 원 내외로 비교적 저렴했기 때문에 1억~1억 5천만 원은 결코 적은 수익이 아니다. 양도소득세 중과도 해당되지 않아 일반 세율의 비교적 적은 세금만 내면 3억 원으로 충분히 3채를 살 수 있었다.

이처럼 처음부터 서울 아파트를 노리기보다는 수도권 외곽, 그중에서도 비조정대상지역의 다주택을 매입해 서울 아파트와의 격차를 줄이는 것이 가장 현실적인 전략이다. 투자자금이 서울 아파트를 살 수 없을 만큼 적다면 무작정 돈을 모아서 원하는 지역의 아파트를 사겠다고 마음먹기보다 일단은 발 빠르게 움직이는 것이 좋다.

상가 투자
핵심 노하우

안정적인 상가 투자를 하고 싶다면 분양 상가보다 이미 임대가 맞춰진 상가를 매매하는 게 좋다.

앞에서도 잠시 언급했지만 초보 투자자라면 상가 투자는 가급적하지 않는 게 좋다. 왜냐하면 아파트나 오피스텔에 비해 공실 리스크가 크기 때문이다. 특히 신도시 상가는 오랫동안 공실로 남아 있을 수 있어 매우 조심해야 한다. 상가 매매에 큰돈이 들어가기 때문에 대출을 많이 받고 분양받았다가 장기간 공실이 지속되면 이자부담으로 막심한 손해를 볼 수 있다. 불어나는 손실을 견디지 못해싸게 다시 파는 경우도 빈번하다.

사실 그나마 손실을 보고서라도 상가를 팔 수 있다면 다행이다. 팔리지 않아서 경매로 넘어가는 경우도 있고, 전 재산을 끌어다 투자했다가 그야말로 쫄딱 망하는 사례도 부지기수다. 그러므로 경험이 없다면 신도시 상가 분양은 가급적 하지 않는 게 좋다. 하지만 본인이 부동산 투자에 어느 정도 자신이 있고, 무리하지 않는 범위 내에서 잘 고를 지식이 있다면 상가로 시세차익과 안정적인 월세 소득을 노릴 수 있다.

임대가 맞춰진
상가가 안전하다

안정적인 상가 투자를 하고 싶다면 분양 상가보다 이미 임대가 맞춰진 상가를 매매하는 게 좋다. 분양 상가는 지금 만들어져 있는 물건이 아니라 2~3년 후 지어질 상가를 미리 계약금을 내고 사는 것이다. 따라서 실물이 아닌 모델하우스와 도면만 보고 계약을 해야 하는데, 부동산 투자를 오랫동안 한 사람들은 그나마 실수를 줄일 수 있지만 투자 초보자들은 영업사원에게 현혹되어 낭패를 보는 경우가 많다. 전망만 믿고 투자했다가 생각보다 상권이 빨리 발달하지 않아서 긴 시간 마음고생을 한다.

하지만 이미 안정적으로 월세를 받고 있는 상가는 현재 장사가 잘되고 있다면 계속해서 안정적으로 월세를 받을 수 있고, 장사가 잘되지 않더라도 주변 상권이나 상가 위치, 구조 등을 확인하고 계약할 수 있기 때문에 분양 상가 투자보다 상대적으로 안전하다. 단점으로는 불확실성에 대한 리스크가 가격에 반영되기 때문에 분양 상가보다 시세차익을 기대하기 힘들다. 그럼에도 불구하고 초보 투자자들은 가급적 임대가 맞춰진 상가를 노리는 게 좋다. 분양 상가는 실물이 없어 개발계획과 모델하우스 도면 등으로 미래가치를 예측해야 하는데, 이는 전문가들에게도 쉽지 않은 영역이다.

분양 상가라 하더라도 임대가 맞춰져 있는 상가를 살 수 있다. 상가는 아파트나 오피스텔에 비해서 분양이 쉽게 이루어지지 않기 때문에 준공 후 미분양이 많다. 미분양이 난 상가를 잘 주시하다 임대가 먼저 나간 상가를 노리는 방법이 있다. 예를 들어 핸드폰 가게로 임대차 계약을 먼저 체결한 상태라면 해당 임대차 계약을 승계하는 조건으로 미분양 상가를 분양받을 수 있다. 이런 경우 상대적으로 안정적으로 공실 걱정 없이 바로 월세를 받을 수 있어 리스크가 적다.

우량기업의 유무와
상권을 꼭 파악하자

상권이 좋다면 국민은행, 교보생명, 삼성화재 등 우량한 기업이 임차하는 경우가 종종 있다. 장시간 공실 걱정이 없는 우량한 회사들이 임차한 상가를 최초로 분양받는 것도 좋은 방법이다. 하지만 이런 좋은 매물들은 꾸준히 발품을 팔아야 하고, 시행사나 공인중개사 등의 인맥 없이 일반인이 정보를 얻기가 쉽지 않다. 따라서 이런 매물들을 잘 찾기 위해 평소 부동산 관계자들과 좋은 관계를 유지하는 것도 하나의 방법이다.

준공 후 미분양된 상가는 충분히 가격 조절이 가능하다. 따라서 분양가 대비 저렴하게 최대한 가격을 깎아야 한다. 분양팀이나 시행사 입장에서도 남은 몇 개의 상가 때문에 계속 사무실을 운영하는 것보다 떨이로라도 싸게 팔고 다른 일에 착수하기를 더 바란다. 여기서 중요한 건 그들은 싸게 판다고 이야기하지만 정말 주변 상가 시세보다 싼지 비싼지 판단할 수 있는 안목이다. 그래야 해당 상가가 급매로 싸게 나온 것인지, 아니면 그저 영업용 멘트인지 알 수 있다.

상가 투자에 있어서 많은 사람들이 실수하는 부분 중 하나는 상가도 다른 부동산 상품과 마찬가지로 지하철역에 가까운 역세권이 더 투자가치가 있다고 생각하는 것이다. 물론 접근성 면에서 역세권에 있는 상가가 유리하고, 역 근처에 핵심 상권이 자리 잡는 경우도 있기는 하다. 하지만 지하철이 생겨서 상권이 다른 핵심 지역으로 빠지는 경우도 부지기수다.

오히려 다른 상가와 마주보고 있는 '맞상권'이 더 발달하는 경우가 많다. 맞상권은 주변이 상가로 밀집해 있기 때문에 핵심 상권으

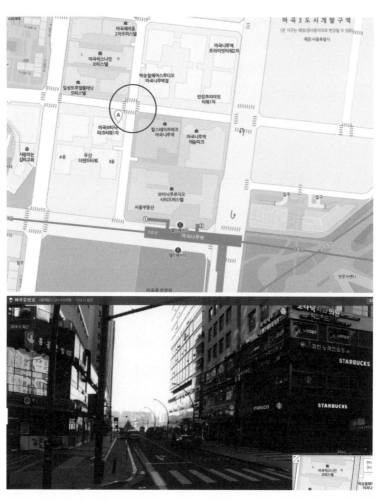

네이버 지도로 본 마곡나루역 주요 상권의 모습. 맞상권은 주변이 상가로 밀집해 있기 때문에 핵심 상권으로 성장할 가능성이 크다.

로 성장할 가능성이 크다. 사진에서 보듯이 마곡나루역 일대 역시 지하철역 출구 쪽보다는 주변 사거리 맞상권을 중심으로 핵심 상권 이 발달되어 있다.

1층 상가만
고집할 필요는 없다

투자금액이 적다면 1층 상가만 노리지 말고 코너 자리 2층 상가도 괜찮다. 일반적으로 상가는 1층 코너 자리가 가장 비싸다. 사방에서 잘 보이기 때문이다. 하지만 최근 1층 상가 임대료가 워낙 비싸기 때문에 일반적으로 1층에 주로 입주하는 은행 등이 2층에 들어오는 경우도 많다. 2층은 상대적으로 분양가가 저렴해 비교적 적은 돈으로 매입할 수 있다는 장점이 있다.

1층 상가가 비싸기 때문에 1층을 넓게 쓰지 않고 2층을 연결하는 계단을 만들어서 공간을 확보하려는 수요도 늘고 있다. 특히 프랜차이즈 카페가 1~2층을 함께 사용하는 경우가 많은데, 1층 임대료가 비쌀수록 2층을 쓰려는 수요가 커져 공실 걱정 없이 안정적으로 월세를 받을 수 있다.

일반적으로 상가의 임대수익률은 대출을 포함해서 6% 정도를 괜찮은 수익률로 본다. 상가 수익률은 '연간 수익/순수 투입 자금'으로 계산한다. 연간 수익은 '(월세×12개월)-연간 지급한 은행 이자', 순수 투입 자금은 '매입가격-(보증금+대출금액)'으로 계산할 수 있다. 물론 6% 이하의 수익률이라 하더라도 향후 미래가치가 높은 지역이라면 충분히 투자할 수 있다. 상가도 분양가 대비 크게 오른다면 시세차익을 얻을 수 있기 때문이다.

상가의 매매가는 임대수익률과 미래가치, 그리고 어떤 업종이 들어오느냐에 따라 달라진다. 유명 프랜차이즈 카페나 은행, 우량기업이 입점하면 안정적인 임대수익을 기대할 수 있으므로 굳이 급하게 팔 이유가 없을 것이다.

다시 강조하지만 리스크를 줄이고 싶다면 임대가 맞춰져서 안정적으로 월세를 받는 상가를 사기 바란다. 물론 최초 분양가가 10억 원이라면 임대가 맞춰진 후에는 20억 원까지 오르는 경우도 있어 큰 자금이 소요된다. 당연히 보는 눈이 있다면 저렴한 분양 상가를 노리는 게 좋지만 항상 리스크와 수익을 같이 고려하기 바란다.

2020 대한민국
부동산 시나리오

자신만의 시각과 투자관이 뚜렷한 사람들은 부동산 폭락론이 고개를 내밀 때 오히려 부동산에 투자해 큰돈을 벌었다.

투자 시장에서는 항상 다수(多數)가 아닌 소수(少數)의 편에 서서 시장을 바라봐야 한다. 그래야 기회를 엿볼 수 있고 큰돈을 벌 수 있다. 위기 뒤에는 반드시 기회가 따른다. 다수의 사람들은 상황이 좋지 않을 때 너무 겁이 나서 투자할 엄두를 내지 못하지만, 반대로 소수의 용기 있는 사람들은 리스크가 가장 클 때 다가올 기회에 대비한다. 다수의 사람들은 거품이 잔뜩 끼어 있는 상승장 말기에 투자해 큰 손해를 보지만, 소수의 현명한 투자자들은 거품이 끼어 있을 때 이익을 보고 시장을 빠져나온다.

남과 다른 시야를 갖는 건 투자 시장에서 상당히 중요하다. 다수의 사람들이 옳다고 생각하는 게 진실이고 진리라고 여기기 쉽지만 그렇지 않은 경우가 많다. 갈릴레오가 살았던 시기에는 모든 사람들이 태양이 지구를 돈다고 생각하고 그 생각을 진리라고 믿었다. 하지만 현재 천동설을 믿는 사람은 거의 없다. 제2차 세계대전을 일으킨 히틀러는 독일 국민들의 압도적인 지지를 받았다. 몇몇 지식인들이 히틀러의 위험성에 대해 걱정했지만 독일 국민 대다수가 히틀러를 믿고 따랐다. 아마 당시 독일에서 히틀러에 대해 부정적인 말을 하는 사람이 있었다면 국민들 사이에서 왕따를 당하거나 이상한 사람 취급을 당했을 것이다.

잘못된 정보에 휩쓸리지 말자

투자도 마찬가지다. 2014년만 하더라도 '부동산 대폭락'을 주제로 다룬 책들이 베스트셀러가 되었다. 대부분의 사람들이 부동산은 끝났다고 생각했다. 하지만 되돌아보면 2014년이 부동산을 싼 가격에 살 수 있는 가장 적절한 시점이었다. 이처럼 모든 사람들이 믿고 있다고 해서 그게 진리가 될 수는 없다. 본인만의 시각과 투자관을 갖는 게 중요하다.

본인만의 시각을 갖기 위해서는 뉴스를 아예 차단하거나, 걸러

소수의 현명한 투자자는 거품이 끼어 있을 때 이익을 보고 시장을 빠져나온다.

보는 것도 도움이 된다. 정보가 없어서가 아니라 너무 많아서 문제인 시대다. 수많은 정보를 접하다 보면 어떤 정보가 진짜고 가짜인지, 어떤 정보가 정말 필요하고 불필요한지 구분할 수가 없다. 오히려 다양한 정보로 인해 올바른 판단을 내리기가 힘들다.

세상의 본질을 보기 위해서는 가급적 본인만의 시각으로 꼭 필요한 정보만을 취합하는 연습이 필요하다. 자신만의 시각과 투자관이 뚜렷한 사람들은 부동산 폭락론이 고개를 내밀 때 오히려 부동산에 투자해 큰돈을 벌었다. 틀린 정보에 휩쓸려 잘못된 투자 결정을 하는 우를 범하지 말기 바란다.

자신만의 시각을 가졌다면 상황별 예상 시나리오를 만들어 불확실한 미래에 대비해야 한다. 본인만의 시나리오에서 가장 큰 리스크는 무엇인지, 그리고 본인이 그 리스크를 감당할 수 있는지, 상황을 바꿀 굵직한 변수로는 무엇이 있는지 체크하고 정리해보자. 예시를 들기 위해 부동산 시장을 전망하고 시장 상황을 예측하는 데 도움이 될 중요 변수들을 소개하려 한다. 주관적인 내용이기 때문에 100% 맞을 것이라 생각하지 않는다. 다만 이 책을 읽는 독자들이 필자의 예측을 힌트 삼아 자신만의 시각과 투자관으로 앞으로 다가올 미래에 잘 대비하게 되기를 바란다.

부동산 시장은
어떻게 흘러갈 것인가?

부동산, 특히 우리나라 부동산은 정치와 밀접한 관련이 있다. 정치가들이 어떤 생각을 가지고 정책을 펼치는지에 따라 부동산 시장의 향방도 바뀔 수 있다. 앞에서도 진단했지만 현재 정권을 쥔 정책 입안자들은 부동산을 규제하는 억압적인 정책을 펼 것이고, 실제로도 그렇게 하고 있다. 양도소득세 중과와 보유세 강화, 전매 제한, 대출 규제 등 억제책을 통해 부동산 시장을 안정화시키려 한다.

문제는 이런 억제책들이 부작용을 낳을 수 있고, 실제로 큰 효과 없이 강남과 서울 집값만 크게 올랐다는 점이다. 규제가 도움이 되는 분야도 있겠지만 적어도 부동산만큼은 그렇지 않다. 왜냐하면 인간은 누구나 사익을 추구하기 때문이다. 좋은 대학에 가기 위해 코피 터져라 책상에 앉아 있는 이유도 사익추구 때문이고, 직장에서 승진하고 싶어 밤낮 없이 일하는 이유도 사익추구 때문이다. 애당초 사람은 이기적인 존재다. 합리적인 경쟁 자체를 막겠다는 건 시대착오적인 생각이다.

우리가 흔히 쓰는 가정용 컴퓨터도 한 사업가의 이기적인 생각으로 시작되었다. 스티브 잡스가 처음부터 공익을 위해 매킨토시를 개발하고 가정용 컴퓨터 시대의 포문을 열었을까? 아니다. 스티브 잡스는 본인의 이익을 위해 부자가 되고 싶다는 일념으로 제품을 개발하고 만들었다. 하지만 결과적으로 그 혜택은 전 세계 사람들이 받고 있다. 기업들도 1등을 하고 싶고 더 많은 재화를 벌고 싶은 욕심에 질 좋은 서비스와 제품을 제공한다. 개인의 이익 추구는 너무 지나치지만 않으면 사회 발전에 큰 도움이 된다.

따라서 정책도 시장 참여자인 개인의 이기적인 마인드를 고려해야 한다. 인위적인 억압책은 정답이 아니다. 노벨 경제학상 수상자 리처드 탈러 교수는 자신의 저서 『넛지』를 통해 누군가의 행동을 바꾸기 위해서는 '강요'보다 인간의 심리를 활용한 '부드러운 개입'이 더 효과가 크다고 강조한다. 『넛지』에서는 화장실 소변기에 그려진 파리 그림 하나가 소변이 소변기 밖으로 덜 튀게 만든다는 이야기가 나온다. '소변이 튀지 않게 조심하세요.'라는 경고문구는 아무리 덕지덕지 붙여도 효과가 없지만 작은 파리 그림 하나는 큰 효과가 있었다. 인간의 심리를 파악해 성취를 잘 자극한 사례다. 부동산 정책도 발상을 전환하면 사람들을 올바른 방향으로 움직이게 할 수 있다. 시장 참여자인 개인의 심리를 이용해야지, 개인을 억압하고 묶어두려고 해서는 안 된다.

하지만 향후 정책 기조가 바뀔 것 같지는 않다. 그렇다면 부동산 가격의 오름폭은 계속해서 커질 것이다. 물론 세계 경제가 악화될 수 있다는 외부 변수도 고려해봐야 한다. 그러나 외부 변수가 커지지 않는다면 우리나라, 특히 서울 핵심 지역 부동산은 계속 오를 것이다.

다만 미국과 중국의 무역전쟁, 한국과 일본의 경제전쟁으로 인해 상황은 달라질 수 있다. 외부 변수에 의해 경기 침체가 심화되면 주식과 마찬가지로 부동산 가격도 떨어질 것이다. 최근 일본의 수출 규제와 그에 따른 한국의 대응, 미국과 중국의 무역 협상 진척 정도에 따라 거품이 많은 부동산 가격도 요동칠 수 있다. 외부 변수에 의해 환율이 오르고 주가가 떨어지면 부동산 시장도 얼어붙게 된다. 따라서 이러한 변수들은 수시로 체크해야 할 사항이다.

2020년 4월 총선도 부동산 투자에 있어서 중요한 분기점이다. 만약 총선에서 여당이 크게 승리한다면 향후 부동산 정책의 기조도 크게 달라지지 않을 것이다. 하지만 만약 총선에서 여당이 승리하지 못한다면 의외로 쉽게 정책 기조가 바뀔 수 있고, 생각보다 빨리 부동산 시장과 경제가 안정될 수 있다.

3기 신도시 사업 진척 여부도 눈여겨봐야 한다. 3기 신도시 속도가 빨라지고 분양 물량이 늘어나면 수도권 지역의 집값은 약세를 보일 것이다. 하지만 3기 신도시가 1·2기 신도시 주민들의 반발로 늦어지거나, 진척 속도가 느려지면 수도권 집값 역시 서울 핵심 지역의 상승률만큼 오를 가능성이 있다.

부동산 투자자가 항상 주시하고 있어야 할 변수들을 정리하면 다음과 같다.

1. 현 정부의 부동산 정책
2. 무역전쟁 등 국가 간 분쟁
3. 선거 결과의 여파
4. 규모가 큰 부동산 개발계획

이러한 변수들을 토대로 부동산 시장이 어떻게 흘러갈지 예측해 시나리오를 세운다면 어떤 상황이 오든 잘 대응할 수 있을 것이다.

부동산 투자노트

찍접 투자해보지
않으면 알 수 없다

젊은 가장 F의

첫 아파트 투자 후기

저는 파주에 살고 있는 30세 남자입니다. 평소 재테크에 관심이 많아 책과 동영상 등을 보면서 공부를 해왔는데, 직접 투자해본 경험은 없었습니다. 특히 부동산 투자는 위험하다는 생각에 거부감이 있었던 것도 사실입니다. 아울러 어딘가에 거창하게 투자할 만큼 목돈도 없었고요. 당장 쓸 수 있는 여윳돈은 2천만 원에 불과했습니다.

결혼을 하고 신혼이 되자 당장 앞날이 막막해졌습니다. 자녀계획을 세우자니 가진 것이 없어 막막하기만 했죠. 그래서 연초에 과감하게 꼭 부동산에 투자하겠다는 목표를 세웠습니다. 때마침 유튜브를 보다가 우연히 대표님의 콘텐츠를 보게 되었고, 처음에는 의심했지만 제 나름대로 확신이 생길 때까지 지속적으로 지켜보았습니다.

처음 대표님과 만날 때는 아버지와 함께 찾아갔습니다. 저의 자산 현황과 투자에 대해 어떤 생각을 가지고 있는지 투자 성향을 파악하는 질문을 해주셨고, 꼼꼼하게 상담을 받은 뒤 이후 대표님이 추천해주신 아파트를 직접 임장했습니다.

부동산 시장의 흐름을 읽고 주변 시세를 파악한 뒤, 생각보다 저평가된 아파트라는 생각이 들어 곧바로 가계약을 했습니다. 제가 가진 돈 2천만 원에 아버지의 지원금을 더해 가계약을 진행했습니다. 함께 임장을 한 아버지 역시 입지와 인프라에 만족하시며 투자 가치가 있다고 판단하셨습니다.

결론적으로 이번 투자로 제가 얻은 건 실천력과 자신감입니다. 부자가 되어 안정적으로 가정을 꾸리고 아이를 키우고 싶다는 목표는 현재진행형이지만, 일단 직접 그 첫걸음을 뗀 것이 큰 수확이었습니다. 직접 해보지 않으면 알 수 없습니다. 지금이라도 당장 실천하시기 바랍니다.

이 책이 미래를 바꿔줄 터닝포인트가 되기를 바라며

안타깝게도 미래를 정확하게 예측하는 건 불가능하다. 다만 앞에서 이야기했듯이 미래의 다양한 변수들을 미리 예상하고 대응하는 건 충분히 가능하다. 또한 시장의 큰 흐름을 읽어낸다면 그 흐름에 편승해 수익을 낼 수 있다. 부동산 시장이 어떻게 돌아가는지 큰 틀에서 이해하기 위해서는 시장을 자신의 손바닥처럼 훤히 내다봐야 한다. 그렇게 하기 위해서라도 우리는 더 높은 곳으로 올라갈 필요가 있다.

1층에서 바라보는 세상과 10층에서 바라보는 세상, 20층에서 바라보는 세상과 100층에서 바라보는 세상의 풍경은 각각 다르다. 1층에서 보이지 않던 것들이 10층에서는 보이고, 10층에서 보이지 않던 것들이 100층에서는 보인다. 높게 올라가면 올라갈수록 더 넓은 세상을 볼 수 있는 것이다.

100층의 시야를 경험한 사람이 아무리 자신이 본 것을 이야기한다고 해도 10층까지만 보이는 사람은 100% 이해할 수 없다. 직접 보고 경험해보지 않았기 때문이다. 하지만 100층을 경험한 사람은 본인도 10층에서 올라왔기 때문에 10층에 있는 사람들의 생각과 시야를 훤히 깨고 있다. "아는 만큼 보인다."라는 말이 괜히 있는 게 아니다.

더 넓은 세상을 보기 위해 더 높게 올라가야 하듯이 부동산 투자를 잘하기 위해서는 공부해야 할 부분이 많다. 기본적으로 글로벌 정세와 더불어 국내 경제, 정치, 세법, 환율, 법률, 인간의 심리 등 무엇 하나 중요하지 않은 게 없다.

아직까지 부동산 투자를 투기라고 생각하는가? 딱 두 가지 원칙만 지키면 절대 투기가 아니다.

첫 번째, 남한테 피해를 주지 않는 투자를 하면 된다. 오히려 저렴하고 합리적인 임대료로 주거지를 제공하는 등 부동산 투자로 사회에 기여할 수 있는 부분이 많다. 부동산 투자가 무조건 남에게 피해를 준다고 생각하는 건 너무 편협하다.

두 번째, 고위공직자들이 간혹 저지르는 부정처럼 다른 사람들이 모르는 내부 정보를 활용해 투자하지 않으면 된다. 이건 엄연히 반칙이고 불법이다. 반칙을 쓰지 않고 직접 손품과 발품을 팔아 스스로 리스크를 감당하고 자신의 돈으로 합법적으로 투자했다면 잘못은 없다. 그것마저 투기라고 생각한다면 그건 자본주의 자체를 부정하는 것이다.

이 두 가지 원칙만 지킨다면 부동산 투자도 얼마든지 존경받으면서 할 수 있다. 이 두 가지 원칙을 지키면서 우리는 끊임없이 계단을 올라야 한다. 지금 자신이 바라보는 세상과 1층이라도 더 올라가서 바라보는 세상은 분명히 다르다. 물론 숨이 차고 당장이라도 포기하고 싶은 생각이 들 수 있다. 계단을 오르는 일처럼 부동산 투자도 꾸준히 관심과 노력을 기울이는 게 쉽지 않다. 하지만 쉽게 포기해서는 안 된다.

그렇게 힘들게 올라가다 보면 전에는 볼 수 없었던 세상이 보이고, 자신이 조금씩 성장하고 있다는 걸 느낄 수 있다. 당장 1층의 차이는 크지 않지만 작은 노력이 모여 10층이 되고, 20층이 된다. 우리가 바라보는 세상도 마찬가지다. 험난한 과정을 묵묵히 견뎌내야 한다. 세상이 훤히 내다보일 정도로 계속 올라가보자. 혼자서 해내기 힘들다면 멘토나 동료와 함께 올라가보자. 그리고 항상 겸손하자. 세상의 끝을 짐작할 수 없듯이 우리가 올라가는 계단도 끝이 어딘지 알 수 없고, 누군가는 우리보다 더 높은 곳에서 세상을 보고 있다.

끝까지 올라가지 않는 한 우리는 계단의 끝이 어디인지 모른다. 다만 우리보다 먼저, 그리고 더 빨리, 더 높은 층으로 올라간 사람이 있다는 건 명확하다. "벼는 익을수록 고개를 숙인다."라는 말이 있다. 높이 올라갈수록 세상을 보는 눈도 달라지지만 한편으로는 이 광활한 세상에서 자신이 얼마나 미약하고 작은 존재인지도 깨닫게 된다.

이 책을 통해 미래를 예측해 부자가 되기를 기대했는데 생각보다 명확한 해법을 가르쳐주지 않아 실망할 수도 있다. 그런데 애당초 부자가 되는 방법을 100% 가르쳐주는 책은 존재할 수 없고, 그런 책이 존재한다고 믿는 것 또한 어리석은 생각이다. 하지만 필자 또한 그랬듯이 좋은 책 한 권이 인생을 바라보는 관점을 바꿔주고, '나도 할 수 있다.'라는 작은 씨앗을 마음속에 심어줄 수 있다고 생각한다. 이 책을 쓴 목적이 그러하다. 이 책이 미래를 바꿔줄 터닝포인트가 되기를 바란다.

최진곤

대한민국 부동산,
어떻게 흘러갈 것인가

초판 1쇄 발행 2019년 12월 15일
지은이 최진곤
펴낸곳 원앤원북스
펴낸이 오운영
경영총괄 박종명
편집 이광민 · 최윤정 · 김효주 · 강혜지 · 이한나
마케팅 안대현 · 문준영
등록번호 제2018-000058호(2018년 1월 23일)
주소 04091 서울시 마포구 토정로 222 한국출판콘텐츠센터 319호 (신수동)
전화 (02)719-7735 | **팩스** (02)719-7736
이메일 onobooks2018@naver.com | **블로그** blog.naver.com/onobooks2018
값 16,000원
ISBN 979-11-7043-045-2 03320

이 도서의 국립중앙도서관 출판예정도서목록(CIP)은 서지정보유통지원시스템 홈페이지(http://seoji.nl.go.kr)와
국가자료종합목록 구축시스템(http://kolis-net.nl.go.kr)에서 이용하실 수 있습니다.(CIP제어번호 : CIP2019047564)

※ 원앤원북스는 독자 여러분의 소중한 아이디어와 원고 투고를 기다리고 있습니다.
원고가 있으신 분은 onobooks2018@naver.com으로 간단한 기획의도와 개요, 연락처를 보내주세요.